LES
AUTEURS LATINS

EXPLIQUÉS D'APRÈS UNE MÉTHODE NOUVELLE

PAR DEUX TRADUCTIONS FRANÇAISES

L'UNE LITTÉRALE ET JUXTALINÉAIRE PRÉSENTANT LE MOT A MOT FRANÇAIS
EN REGARD DES MOTS LATINS CORRESPONDANTS
L'AUTRE CORRECTE ET PRÉCÉDÉE DU TEXTE LATIN

avec des arguments et des notes

PAR UNE SOCIÉTÉ DE PROFESSEURS

ET DE LATINISTES

TACITE

DIALOGUE DES ORATEURS

PARIS
LIBRAIRIE HACHETTE ET Cie
79, BOULEVARD SAINT-GERMAIN, 79

LES

AUTEURS LATINS

EXPLIQUÉS D'APRÈS UNE MÉTHODE NOUVELLE

PAR DEUX TRADUCTIONS FRANÇAISES

Nous avons reproduit dans ce volume le texte et l'argument analytique de l'édition du *Dialogue des Orateurs* publiée à la librairie Hachette par M. H. Goelzer.

La traduction française est, sauf pour un certain nombre de passages, celle de Burnouf.

Ce texte a été expliqué littéralement et revu, pour la traduction française, par M. P. Le Nestour, licencié ès lettres.

34476. — Imprimerie Lahure, rue de Fleurus, 9, à Paris.

LES
AUTEURS LATINS

EXPLIQUÉS D'APRÈS UNE MÉTHODE NOUVELLE

PAR DEUX TRADUCTIONS FRANÇAISES

L'UNE LITTÉRALE ET JUXTALINÉAIRE PRÉSENTANT LE MOT A MOT FRANÇAIS
EN REGARD DES MOTS LATINS CORRESPONDANTS
L'AUTRE CORRECTE ET PRÉCÉDÉE DU TEXTE LATIN

avec des sommaires et des notes

PAR UNE SOCIÉTÉ DE PROFESSEURS
ET DE LATINISTES

TACITE

DIALOGUE DES ORATEURS

PARIS
LIBRAIRIE HACHETTE ET Cie
79, BOULEVARD SAINT-GERMAIN, 79

—

1897

AVIS

RELATIF A LA TRADUCTION JUXTALINÉAIRE

On a réuni par des traits les mots français qui traduisent un seul mot latin.

On a imprimé en *italique* les mots qu'il était nécessaire d'ajouter pour rendre intelligible la traduction littérale, et qui n'ont pas leur équivalent dans le latin.

Enfin, les mots placés entre parenthèses, dans le français, doivent être considérés comme une seconde explication, plus intelligible que la version littérale.

ARGUMENT ANALYTIQUE

———

I. Introduction. — A Justus Fabius, qui lui demandait souvent pourquoi son siècle semblait déshérité de l'éloquence, Tacite se propose de répondre en reproduisant un entretien dans lequel il a entendu, fort jeune encore, les hommes les plus éloquents de l'époque traiter le même sujet. — II. Le lendemain du jour où Curiatus Maternus avait fait une lecture publique de son *Caton*, il reçut la visite de M. Aper, de Julius Secundus et de Tacite.

III-IV. Aper, désireux de ramener Maternus au barreau, commence par lui reprocher son goût exclusif pour la poésie. Maternus s'en rapportera à la décision de Secundus, qui est pris pour arbitre. — V-VIII. Secundus veut se récuser, mais Aper insiste et commence l'éloge de l'éloquence. Jouissances et avantages qu'elle procure. Exemples d'Eprius Marcellus et de Vibius Crispus. — IX-X. La poésie ne mène ni aux distinctions ni à la fortune; elle ne donne qu'un plaisir passager. De plus elle n'assure pas le repos ni la sécurité.

XI. Maternus défend la poésie. C'est à elle qu'il doit sa réputation, et il ne craint point qu'elle le conduise à sa perte. L'innocence protège mieux que l'éloquence l'état d'un citoyen. — XII. La vie des poètes est si douce! De plus, n'est-ce pas par la poésie que l'éloquence a commencé? Comparaison entre les grands poètes et les grands orateurs. — XIII. La fortune même des poètes et le bonheur d'habiter avec les Muses sont préférables à la vie inquiète et tourmentée des orateurs.

XIV-XV. Survient un quatrième interlocuteur, Vipstanus Messalla. Il raille indirectement Aper de son enthousiasme pour l'éloquence du jour. Aper lui reproche ses préventions contre les orateurs modernes. Messalla réplique en avouant qu'il met en effet les anciens orateurs au-dessus des modernes et en priant un de ses amis d'expliquer pourquoi l'éloquence a dégénéré.

XVI-XVII. Sur l'observation faite par Secundus que nul n'est plus propre que Messalla à traiter cette question, celui-ci consent à s'en charger, mais à condition qu'il sera soutenu par ses amis. Secundus et Maternus le lui promettent. Mais Aper commencera la discussion. Il demande d'abord ce qu'on entend par anciens, et prétend que Cicéron et ses contemporains ne sont pas des anciens. — XVIII. Il remarque ensuite que les formes de l'éloquence varient suivant les époques. — XIX. Si Cassius Severus, qui forme la limite de l'antiquité, a renoncé à l'ancienne manière de l'éloquence, ce n'est ni par impuissance ni par ignorance, mais par réflexion et par choix. — XX. Le public exige qu'un discours ait de l'agrément et de la beauté. C'est pour lui obéir que l'éloquence est aujourd'hui plus brillante et plus ornée. — XXI. Est-elle moins puissante qu'autrefois? Non pas, et Aper entreprend de montrer que le mérite des anciens est inférieur à leur réputation : à vrai dire, leurs œuvres n'ont de valeur que quand elles se rapprochent du goût moderne. Appréciation de Calvus, de Célius, de César, de Brutus, d'Asinius Pollion et de Messalla Corvinus. — XXII. Quant à Cicéron lui-même, s'il a de grandes qualités, il est plein de défauts choquants. — XXIII. Or, les partisans de l'antiquité n'imitent de Cicéron que ses défauts. Il n'est donc point juste d'exalter les anciens aux dépens des modernes, et Messalla, Maternus, ainsi que Secundus ne doivent pas désespérer de s'illustrer dans l'éloquence, sous prétexte qu'ils viennent trop tard.

XXIV. Messalla va répondre, mais Maternus le prie de ne pas s'arrêter à louer les anciens, qui n'ont pas besoin d'éloges, et de montrer pourquoi l'on est si fort éloigné d'eux. — XXV. Cependant Messalla commence par revenir sur le sens qu'il faut donner au mot « anciens » et sur l'appréciation de Calvus, d'Asinius Pollion, de César, de Celius, de Brutus et de Cicéron. — XXVI. La simplicité et la puissance des anciens orateurs valent beaucoup mieux que ces faux agréments employés par la plupart des contemporains. — XXVII. Maternus rappelle Messalla au sujet qu'il a promis de traiter. — XXVIII-XXIX. Messalla y arrive et assigne pour causes à la décadence de l'éloquence et des autres arts, la paresse des jeunes gens, la négligence des parents, l'ignorance des maîtres, l'oubli des mœurs antiques. — XXX-XXXII. Les rhéteurs tiennent lieu de tout; mais ce sont de singuliers maîtres. Ce qui a fait la force des orateurs anciens, c'est qu'ils n'étaient pas à une pareille école. Ils savaient que le talent s'acquiert au prix d'un labeur infatigable, d'exercices journaliers et d'études multiples.

XXXIII. Messalla s'arrête; mais Maternus le prie d'achever ce qu'il a si bien commencé, en insistant sur les moyens par lesquels les orateurs anciens fortifiaient et entretenaient leur talent. — XXXIV. Tableau de l'éducation ancienne. Le jeune homme qui se destinait au barreau était conduit chez l'orateur le plus célèbre, il

le suivait assidûment, et apprenait ainsi à combattre sur le champ
de bataille même. — XXXV. Aujourd'hui on le conduit chez un
rhéteur. Critique de cet enseignement qui consiste en exercices
absurdes....

Ici le manuscrit est mutilé. Il manque la fin du discours de
Messalla, peut-être un discours de Secundus, et en tout cas le
commencement du discours de Maternus. Celui-ci déclarait sans
doute qu'il était d'accord avec Messalla sur les causes générales
de la décadence de l'art oratoire, mais il demandait à insister sur
une raison particulière.

XXXVI. En effet, pour se développer, l'éloquence doit avoir un
but politique. Les agitations de la vie publique contribuent à sa
grandeur. C'est pour cela que jadis elle était si florissante. De
plus elle seule ouvrait le chemin des honneurs, et, quand on ne
savait pas parler, on était méprisé. — XXXVII. Les grands
hommes arrivaient à la puissance, non seulement par leur cou-
rage et par leurs talents militaires, mais par leur esprit et par
leur éloquence. Ils avaient de plus de précieux stimulants dans la
grandeur des débats et l'importance des causes, sources fécondes
d'inspiration. — XXXVIII. Aujourd'hui l'on n'a plus guère à parler
que devant les *centumvirs*. — XXXIX. Il n'est pas jusqu'au cos-
tume des avocats qui ne nuise à leur succès. De plus, ils n'ont ni
auditoire, ni théâtre, ni acclamations. — XL. Jadis la tribune
ouverte à de continuelles harangues et le droit reconnu d'attaquer
les hommes les plus puissants échauffaient l'âme et animaient
l'enthousiasme des orateurs. C'est que l'éloquence vraiment grande
est fille de cette licence qu'on appelait follement liberté : ce n'est
pas dans une société bien constituée qu'elle peut naître et gran-
dir. — XLI. Sans doute les procès que l'orateur est encore appelé
à plaider n'annoncent pas une société où tout marche à souhait.
Mais on a du moins le respect d'un pouvoir tutélaire, et quand
l'innocence régnera, l'orateur sera de trop, comme le serait
un médecin parmi des gens bien portants. — XLII. Les interlo-
cuteurs se séparent en se donnant rendez-vous pour un autre
jour.

L'auteur place la date de cet entretien la sixième année du
règne de Vespasien, c'est-à-dire en 75 ap. J.-C.

P. CORNELII TACITI

DIALOGUS DE ORATORIBUS

TACITE

DIALOGUE DES ORATEURS

P. CORNELII TACITI

DIALOGUS DE ORATORIBUS

I. Sæpe ex me requiris, Juste Fabi, cur, cum priora sæcula tot eminentium oratorum ingeniis gloriaque floruerint, nostra potissimum ætas deserta et laude eloquentiæ orbata vix nomen ipsum oratoris retineat; neque enim ita appellamus nisi antiquos; horum autem temporum diserti causidici et advocati et patroni et quidvis potius quam oratores vocantur. Cui percontationi tuæ respondere et tam magnæ quæstionis pondu. excipere, ut aut de ingeniis nostris male existimandun

I. Vous me demandez souvent, mon cher Fabius, pourquoi tant d'orateurs de premier ordre ayant illustré de leur génie e de leur gloire les siècles précédents, notre âge, stérile et dé. hérité de cette brillante éloquence, a presque oublié jusqu'au nol d'orateur. Car nous ne donnons ce titre qu'aux anciens ; et nou appelons défenseurs, avocats, patrons, tout plutôt qu'orateur: ceux qui de nos jours savent manier la parole. Répondre à voir demande, et prendre sur moi le fardeau d'une question si impol tante, qui met en péril la réputation de nos esprits, si notre inf

TACITE

DIALOGUE DES ORATEURS

I. Sæpe requiris ex me, Juste Fabi,
cur,
cum sæcula priora
floruerint
ingeniis gloriaque
tot eminentium oratorum,
nostra ætas
potissimum
deserta
et orbata
laude eloquentiæ
retineat vix
nomen ipsum oratoris;
neque enim
appellamus ita
nisi antiquos;
autem
diserti
horum temporum
vocantur
causidici
et advocati
et patroni
et quidvis
potius quam oratores.
Cui tuæ percontationi
auderem vix hercule
respondere
et excipere pondus
quæstionis tam magnæ,
ut sit
existimandum male
aut de nostris ingeniis,

I. Souvent vous demandez de moi, Justus Fabius,
pourquoi,
quand les siècles précédents
ont brillé
par les talents et la gloire
de tant d'éminents orateurs,
notre âge
de préférence
délaissé
et privé
de la gloire de l'éloquence
retient à peine
le nom même d'orateur;
et en effet
nous *n*'appelons ainsi *personne*
si-*ce-n'est* les anciens;
mais
les-*gens*-habiles-à-parler
de ces temps-ci
sont appelés
défenseurs-de-causes
et avocats
et patrons
et quoi-que-ce-soit
plutôt qu'orateurs.
A laquelle vôtre question
j'oserais à peine, par Hercule!
répondre
et accepter le fardeau
d'une question si difficile,
de sorte qu'il est
devant-être-jugé défavorablement
ou de nos esprits,

sit, si idem assequi non possumus, aut de judiciis, si
nolumus, vix hercule auderem, si mihi mea sententia
proferenda ac non disertissimorum, ut nostris temporibus, hominum sermo repetendus esset, quos eandem
hanc quæstionem pertractantes juvenis admodum au-
divi. Ita non ingenio, sed memoria et recordatione
opus est, ut quæ a præstantissimis viris et excogitata
subtiliter et dicta graviter accepi, cum singuli diversas
vel easdem partes agerent, sed probabiles causas affer-
rent, dum formam sui quisque et animi et ingenii red-
derent, iisdem nunc numeris iisdemque rationibus
persequar, servato ordine disputationis. Neque enim
defuit qui diversam quoque partem susciperet, ac
multum vexata et irrisa vetustate nostrorum tem-

riorité vient d'impuissance, de nos jugements, si elle est volontaire,
c'est assurément ce que j'oserais à peine, si je n'avais à exposer
que mes propres idées. Mais je puis recourir à un entretien dans
lequel j'ai entendu, fort jeune encore, les hommes les plus éloquents de notre siècle traiter à fond le même sujet. Ce n'est
donc pas de talent, mais de mémoire que j'aurai besoin pour re-
trouver les pensées ingénieuses et les expressions fortes dont ils
appuyaient des explications ou diverses ou les mêmes, mais toujours plausibles, en peignant chacun dans son langage son âme
et son caractère, et pour les reproduire aujourd'hui avec leurs
proportions et leurs développements, sans rien changer à l'ordre
de la discussion. Car l'opinion contraire ne manqua pas d'avoir
aussi un défenseur qui, prenant plaisir à maltraiter et à railler le

si non possumus	si nous ne pouvons [ciens,
assequi idem,	atteindre la-même-chose *que les an-*
aut de judiciis,	ou de *nos* jugements,
si nolumus,	si nous–ne–*le*–voulons-pas,
si mea sententia	*je l'oserais à peine* si mon avis
esset proferenda	était devant-être-mis-en-avant
mihi,	à (pour) moi,
ac sermo	et *si* l'entretien
hominum disertissimorum,	d'hommes très-éloquents,
ut nostris temporibus,	du-moins pour nos jours,
quos,	que,
admodum juvenis,	tout-à-fait jeune,
audivi pertractantes	j'ai entendus traitant-à-fond
hanc eandem quæstionem,	cette même question,
non esset repetendus.	n'était pas devant–être-répété.
Ita	Ainsi
est opus	il est besoin
non ingenio,	non de talent,
sed memoria	mais de mémoire
et recordatione,	et de souvenir,
ut persequar nunc	pour-que j'expose-en-détail maintenant
iisdem numeris	avec les mêmes proportions
iisdemque rationibus,	et avec les mêmes méthodes,
ordine disputationis	l'ordre de la discussion
servato,	ayant-été-conservé,
quæ accepi	les-choses-que j'ai entendues
a viris præstantissimis	d'hommes éminents
et excogitata subtiliter	et imaginées ingénieusement
et dicta graviter,	et exprimées avec-force,
cum singuli	lorsque chacun en-particulier
agerent partes	*ils* plaidaient des causes
diversas vel easdem,	différentes ou les-mêmes,
sed afferrent	mais apportaient
causas probabiles,	des raisons plausibles,
dum redderent	pendant qu'ils rendaient (révélaient)
quisque	chacun
formam	la forme
et sui animi et ingenii.	et de son âme et de *son* caractère.
Neque enim defuit	Et en-effet il ne manqua pas *quelqu'un*
qui susciperet quoque	qui entreprît aussi
partem diversam,	la cause contraire,
ac,	et,
vetustate	l'antiquité
vexata et irrisa multum,	ayant-été-maltraitée et raillée beaucoup,
anteferret	préférât

porum eloquentiam antiquorum ingeniis anteferret.

II. Nam postero die quam Curiatius Maternus Catonem recitaverat, cum offendisse potentium animos diceretur, tanquam in eo tragœdiæ argumento sui oblitus tantum Catonem cogitasset, eaque de re per urbem frequens sermo haberetur, venerunt ad eum Marcus Aper et Julius Secundus, celeberrima tum ingenia fori nostri, quos ego non in judiciis modo utrosque studiose audiebam, sed domi quoque et in publico assectabar mira studiorum cupiditate et quodam ardore juvenili, ut fabulas quoque eorum et disputationes et arcana semotæ dictionis penitus exciperem, quamvis maligne plerique opinarentur, nec Secundo promptum·esse sermonem et Aprum ingenio potius et

vieux temps, préféra hautement aux génies antiques la moderne éloquence.

II. Curiatius Maternus avait lu publiquement sa tragédie de *Caton*, ouvrage où, s'oubliant lui-même pour ne songer qu'à son héros. il avait, disait-on, blessé les puissances. Le lendemain de cette lecture, et lorsque la ville entière s'occupait de ses périls, il reçut la visite de M. Aper et de Julius Secundus, alors les deux plus célèbres talents de notre barreau. Je les fréquentais l'un et l'autre, et, non content d'écouter curieusement leurs plaidoyers, je ne les quittais ni à leur maison ni dehors. Un merveilleux désir d'apprendre et une certaine ardeur de jeunesse me faisaient recueillir leurs moindres paroles, leurs conversations, et jusqu'aux secrètes confidences de leur intimité. Ce n'est pas que la malignité ne refusât souvent à Secundus une élocution facile, et ne prétendît qu'Aper devait à un heureux naturel, plutôt

eloquentiam	l'éloquence
nostrorum temporum	de nos temps
ingeniis antiquorum.	aux génies des anciens.
II. Nam die postero	II. Car le jour suivant
quam	que (le lendemain du jour où)
Curiatius Maternus	Curiatius Maternus
recitaverat Catonem,	avait-récité *son* Caton,
cum diceretur	comme il était-dit
offendisse animos	avoir-blessé les sentiments
potentium	des puissants
tanquam	parce que, *disait-on,*
in eo argumento tragœdiœ,	dans ce sujet de tragédie,
oblitus sui	oublieux de lui-même
cogitasset tantum Catonem,	il avait-songé seulement à Caton,
sermoque frequens	et *comme* un entretien fréquent
haberetur per urbem	était-fait à-travers la ville
de ea re,	au-sujet-de cette chose,
Marcus Aper	Marcus Aper
et Julius Secundus,	et Julius Secundus,
tum	alors
celeberrima ingenia	les plus-célèbres talents
nostri fori,	de notre forum,
venerunt ad eum,	vinrent vers lui,
quos utrosque	lesquels tous-deux
non modo	non seulement
ego audiebam studiose	moi j'écoutais avec-zèle
in judiciis,	dans les tribunaux,
sed assectabar	mais *que* je suivais
domi quoque	dans *leur* demeure même
et in publico	et en public
mira cupiditate studiorum	avec une merveilleuse passion des études
et quodam ardore juvenili,	et une certaine ardeur juvénile,
ut	pour-que
exciperem penitus	je recueillisse complétement
fabulas quoque	les entretiens même
et disputationes	et les discussions
et arcana	et les secrets
dictionis semotœ	de la conversation intime
corum,	d'eux,
quamvis plerique	quoique bien-des-gens[1]
opinarentur maligne	pensassent avec-malignité
nec sermonem	ni la parole
esse promptum	être facile
Secundo	à Secundus
et Aprum	et Aper

vi naturæ quam institutione et litteris famam eloquentiæ consecutum. Nam et Secundo purus et pressus et,
in quantum satis erat, profluens sermo non defuit, et
Aper omni eruditione imbutus contemnebat potius
litteras quam nesciebat, tanquam majorem industriæ et
laboris gloriam habiturus, si ingenium ejus nullis
alienarum artium adminiculis inniti videretur.

III. Igitur ut intravimus cubiculum Materni, seden-
tem ipsumque, quem pridie recitaverat, librum inter
manus habentem deprehendimus.

Tum Secundus : « Nihilne te, inquit, Materne, fa-
bulæ malignorum terrent, quo minus offensas Catonis
tui ames? an ideo librum istum apprehendisti, ut dili-

---

qu'à l'étude et aux lettres, sa réputation d'éloquence. Le fait est
que Secundus, toujours pur et serré, n'en avait pas moins ce
qu'il fallait d'abondance; et Aper, de son côté, possédant une
érudition ordinaire, méprisait les lettres plutôt qu'il ne les igno-
rait. Il croyait sans doute que ses talents et ses travaux en seraient
plus admirés, si son génie ne paraissait emprunter l'appui d'aucune science étrangère.

III. Lorsque nous entrâmes dans l'appartement de Maternus
nous le trouvâmes assis et tenant à la main l'ouvrage qu'il avait
lu la veille.

« Eh quoi! lui dit Secundus, les propos des méchants vous
effraient-ils si peu que vous aimiez les hardiesses dangereuses de
votre *Caton*? Ou bien avez-vous repris ce livre pour le retoucher

consecutum *esse*	avoir-obtenu
famam eloquentiæ	la réputation d'éloquence
ingenio	par *ses* dispositions-naturelles
et vi naturæ	et par la puissance de *sa* nature
potius quam	plutôt que
institutione et litteris.	par l'éducation et par les lettres.
Nam	En réalité[2]
et Secundo	et à Secundus
sermo	une parole
purus et pressus,	pure et serrée,
et in quantum erat satis,	et autant qu'il était assez,
profluens,	abondante,
non defuit,	ne manqua pas,
et Aper,	et Aper,
imbutus	ayant-une-teinture
omni eruditione,	de toute science,
contemnebat litteras	méprisait les lettres
potius quam nesciebat,	plutôt qu'il *ne les* ignorait,
tanquam habiturus	comme *dans son opinion* devant-avoir
majorem gloriam	une plus grande gloire
industriæ et laboris,	de *son* activité et de *son* travail,
si ingenium ejus	si le génie de lui
videretur inniti	*ne* paraissait s'appuyer
nullis adminiculis	sur aucun soutien
artium alienarum.	des sciences étrangères.
III. Igitur	III. Donc
ut intravimus	lorsque nous entrâmes
cubiculum Materni,	*dans* la chambre de Maternus,
deprehendimus	nous *le* trouvâmes
sedentem	assis
habentemque inter manus	et ayant entre les mains
librum ipsum	le livre même
quem recitaverat pridie.	qu'il avait récité la veille.
Tum Secundus :	Alors Secundus :
« Fabulæne malignorum,	« Est-ce-que les propos des méchants,
inquit,	dit-il,
terrent te nihil,	*n'*effrayent vous en-rien,
Materne,	Maternus,
quo minus ames	*et n'empêchent-ils pas* que vous aimiez
offensas tui Catonis?	les attaques de votre Caton?
an apprehendisti	ou bien avez-vous pris
istum librum	ce livre
ideo	pour-ceci
ut retractares	pour-que vous *le* retouchiez
diligentius	avec plus de soin,

gentius retractares, et sublatis si qua pravæ interpretationi materiam dederunt, emitteres Catonem non quidem meliorem sed tamen securiorem? »

Tum ille : « Leges, inquit, quid Maternus sibi debuerit, et agnosces quæ audisti. Quod si qua omisit Cato, sequenti recitatione Thyestes dicet; hanc enim tragœdiam disposui jam et intra me ipse formavi. Atque ideo maturare libri hujus editionem festino, ut dimissa priore cura novæ cogitationi toto pectore incumbam.

— Adeo te tragœdiæ istæ non satiant, inquit Aper, quo minus missis orationum et causarum studiis omne tempus modo circa Medeam, ecce nunc circa Thyestem consumas? cum te tot amicorum causæ, tot coloniarum et municipiorum clientelæ in forum vocent, quibus

soigneusement, et, après avoir ôté ce qui a pu donner lieu à des interprétations fâcheuses, publier un *Caton*, non pas meilleur sans doute, mais moins aventureux?

— Vous pouvez lire, répondit Maternus, et vous reconnaitrez ce que vous avez entendu. Si Caton a omis quelque chose, à la prochaine lecture Thyeste le dira : car j'ai déjà fait le plan de cette tragédie, et les principaux traits en sont dessinés dans ma tête. Aussi je me hâte de préparer la publication de l'ouvrage que vous voyez, afin que mon esprit, dégagé de ce premier soin, se livre sans partage à sa nouvelle conception.

— Vous ne vous lassez donc jamais, reprit Aper, de toutes ces tragédies qui vous arrachent à l'éloquence et au barreau? Naguère c'était Médée, maintenant c'est Thyeste qui consume votre temps; et cela quand les causes de tant d'amis, quand la défense de tant de colonies et de municipes vous appellent au Forum. Vous

et, si qua
dederunt materiam
pravæ interpretationi,
sublatis,
emitteres Catonem
non meliorem quidem,
sed tamen securiorem? »
   Tum ille :
« Leges, inquit,
quid Maternus
debuerit sibi,
et agnosces
quæ audisti.
Quod si Cato
omisit qua,
Thyestes dicet
recitatione sequenti;
jam enim
disposui hanc tragœdiam
et ipse
formavi intra me.
Atque festino
maturare editionem
hujus libri
ideo ut,
cura priore dimissa,
incumbam
toto pectore
novæ cogitationi.
   — Istæ tragœdiæ,
inquit Aper,
non satiant te
adeo
quo minus consumas
omne tempus,
studiis
orationum et causarum
missis,
modo circa Medeam,
ecce nunc circa Thyestem?
cum causæ
tot amicorum,
clientelæ
tot coloniarum
et municipiorum

et, si quelques-choses
ont-donné matière
à une mauvaise interprétation,
ces choses ayant été enlevées,
pour que vous publiiez *un* Caton
non meilleur à-la-vérité,
mais pourtant plus sûr *pour vous?* »
   Alors celui-là :
« Vous lirez, dit-il,
ce que Maternus
s'est-dû à lui-même,
et vous reconnaîtrez
les choses que vous avez entendues.
Que si Caton
a oublié quelques-choses,
Thyeste *les* dira
dans la lecture suivante;
déjà en effet
j'ai-fait-le-plan-de cette tragédie
et moi-même
je *l*'ai-dessinée en moi.
Et je me hâte
de presser la publication
de cet ouvrage-ci
pour-ceci que,
le souci précédent ayant-été-écarté,
je m'applique
de tout mon cœur
à *mon* nouveau projet.
   — Ces tragédies,
dit Aper,
ne lassent-elles pas vous
à-tel-point
que vous ne passiez
tout *votre* temps,
les études
des discours et des procès
ayant été laissées de côté,
naguère au-sujet-de Médée,
et voilà maintenant au-sujet-de Thyeste?
alors que les causes
de tant d'amis,
les patronages (le patronage)
de tant de colonies
et de municipes

vix suffeceris, etiam si non novum tibi ipse negotium importasses, ut Domitium et Catonem, id est nostras quoque historias et Romana nomina Græculorum fabulis aggregares. »

IV. Et Maternus : « Perturbarer hac tua severitate, nisi frequens et assidua nobis contentio jam prope in consuetudinem vertisset. Nam nec tu agitare et insequi poetas intermittis, et ego, cui desidiam advocationum objicis, quotidianum hoc patrocinium defendendæ adversus te poeticæ exerceo. Quo lætor magis oblatum nobis judicem, qui me vel in futurum vetet versus facere, vel, quod jam pridem opto, sua quoque auctoritate compellat, ut omissis forensium causarum angustiis, in quibus mihi satis superque sudatum est,

auriez déjà peine à y suffire, et vous allez encore vous imposer une tâche de plus, un Domitius, un Caton, c'est-à-dire, allier les histoires domestiques et des noms romains aux fables de la Grèce.

IV. — Ce ton sévère me déconcerterait, dit Maternus, si nos fréquentes et perpétuelles contestations n'étaient devenues pour nous une espèce d'habitude. Car vous ne cessez de harceler et de poursuivre les poètes; et moi, à qui vous reprochez de ne jamais plaider, je plaide chaque jour contre vous la cause de la poésie. Aussi me trouvé-je heureux qu'un juge nous soit offert, qui va ou m'interdire les vers pour toujours, ou encourager encore par son autorité le vœu que je forme depuis longtemps de renoncer à l'étroite carrière de la plaidoirie, où j'ai déjà versé

vocent te in forum,	appellent vous au forum,
quibus suffeceris vix,	auxquels vous suffiriez à-peine,
etiam si	même si
ipse non importasses tibi	vous-même n'aviez pas imposé à-vous
novum negotium,	une nouvelle occupation,
ut aggregares	de-telle-sorte-que vous ajoutassiez
fabulis Græculorum	aux fables des Grecs
Domitium et Catonem,	Domitius et Caton,
id est	c'est (c'est-à-dire)
nostras historias quoque	nos histoires aussi
et nomina romana. »	et des noms romains. »

IV. Et Maternus :

« Perturbarer	« Je serais bouleversé
hac tua severitate,	par cette vôtre sévérité,
nisi contentio	si *une* contestation
frequens	fréquente
et assidua nobis	et perpétuelle pour nous
vertisset jam	n'était-tournée déjà
prope in consuetudinem.	presque en habitude.
Nam nec tu intermittis	Car ni vous vous *ne* cessez
agitare et insequi	de harceler et de poursuivre
poetas,	les poètes,
et ego,	et moi,
cui objicis	à qui vous reprochez
desidiam advocationum,	l'inaction (l'abandon) des plaidoyers,
exerceo	j'exerce
hoc patrocinium	ce patronage
quotidianum	quotidien
poeticæ	de la poésie
defendendæ adversus te.	devant-être-défendue contre vous.
Quo lætor magis	*C'est* pourquoi je me réjouis davantage
judicem oblatum *esse* nobis,	un juge avoir-été-offert à nous,
qui vel vetet me	qui ou bien m'interdise
facere versus	de faire des vers
in futurum,	dans l'avenir,
vel,	ou bien,
quod opto	ce que je souhaite
jam pridem,	déjà depuis-longtemps,
compellat	m'excite
sua auctoritate quoque,	de son autorité aussi,
ut, angustiis	pour-que, les limites-étroites
causarum forensium	des causes du-forum
omissis,	ayant été abandonnées,
in quibus	dans lesquelles
sudatum est	il a été sué

sanctiorem illam et augustiorem eloquentiam colam.

V. — Ego vero, inquit Secundus, antequam me judicem Aper recuset, faciam quod probi et moderati judices solent, ut in iis cognitionibus se excusent, in
quibus manifestum est alteram apud eos partem gratia
prævalere. Quis enim nescit neminem mihi conjunc-
tiorem esse et usu amicitiæ et assiduitate contubernii
quam Saleium Bassum, cum optimum virum tum
absolutissimum poetam? Porro si poetica accusatur,
non alium video reum locupletiorem.

— Securus sit, inquit Aper, et Saleius Bassus et
quisquis alius studium poeticæ et carminum gloriam
fovet, cum causas agere non possit. Ego enim, quatenus arbitrum litis hujus invenimus, non patiar Ma-

trop de secours, et de cultiver cette autre éloquence plus sainte
et plus auguste.

V. — Et moi, dit Secundus, avant d'être récusé par Aper,
j'imiterai les juges intègres et sages qui se récusent eux-mêmes
dans les causes où il est évident qu'une des deux parties trouve-
rait auprès d'eux une faveur trop marquée. Qui ne sait à quel
point je suis attaché par les liens de l'amitié et ceux d'une habi-
tation commune à Saleius Bassus, homme si estimable et poète
si accompli? Or, si l'on fait le procès à la poésie, je ne vois
personne qui plus que lui donne prise à l'accusation.

— Qu'il soit tranquille, dit Aper, et avec lui quiconque n'am-
bitionne la gloire de la poésie et des vers que faute de pouvoir
prétendre à celle de l'éloquence. Je le déclare, en effet : puisque
j'ai trouvé un arbitre de ce débat, je ne souffrirai pas qu'on

satis superque mihi,	assez et trop pour moi,
colam	je cultive
illam eloquentiam　[rem.	cette éloquence
sanctiorem et augustio-	plus sainte et plus auguste.
V. — Vero ego,	V. — Mais moi,
inquit Secundus,	dit Secundus,
antequam Aper	avant qu'Aper
recuset me judicem,	me récuse *comme* juge,
faciam	je ferai
quod solent	ce qu'ont-coutume *de faire*
judices probi et moderati,	les juges intègres et sages
ut excusent se	à-savoir-qu'ils récusent eux
in iis cognitionibus,	dans ces procès,
in quibus	dans lesquels
est manifestum	il est évident
alteram partem	l'une-des-deux parties
prævalere gratia	l'emporter en-faveur
apud eos.	chez eux.
Quis enim nescit	Qui en-effet ignore
neminem	personne
esse conjunctiorem mihi	*n*'être plus-uni à moi
et usu amicitiæ	et par l'usage de l'amitié
et assiduitate	et par la continuité
contubernii	de l'habitation-commune
quam Saleium Bassum,	que Saleius Bassus,
cum	d'une part
virum optimum,	homme excellent,
tum	d'autre part
poetam absolutissimum?	poète tout-à-fait-parfait?
Porro	Or
si poetica accusatur,	si la poésie est-accusée,
non video	je ne vois pas
alium reum	un autre accusé
locupletiorem.	plus riche *en motifs d'accusation.*
— Et Saleius Bassus,	— Et *que* Saleius Bassus,
et alius quisquis	et *qu'*un autre quel-qu'il-soit-qui
fovet studium poeticæ	cultive l'étude de la poésie
et gloriam carminum,	et la gloire des vers,
cum non possit	puisqu'il ne peut pas
agere causas,	plaider des causes,
sit securus,	soit tranquille,
inquit Aper.	dit Aper.
Ego enim,	Moi en effet,
quatenus invenimus	puisque nous-avons-trouvé
arbitrum hujus litis,	un arbitre de ce débat

ternum societate plurium defendi, sed ipsum solum
apud vos arguam, quod natus ad eloquentiam virilem
et oratoriam, qua parere simul et tueri amicitias, ad-
sciscere necessitudines, complecti provincias possit,
omittit studium, quo non aliud in civitate nostra vel
ad utilitatem fructuosius vel ad voluptatem jucundius
vel ad dignitatem amplius vel ad urbis famam pulchrius
vel ad totius imperii atque omnium gentium notitiam
illustrius excogitari potest. Nam si ad utilitatem vitæ
omnia consilia factaque nostra dirigenda sunt, quid est
tutius quam eam exercere artem, qua semper armatus
præsidium amicis, opem alienis, salutem periclitantibus, invidis vero et inimicis metum et terrorem ultro

défende Maternus en lui donnant des complices. C'est lui seul
que j'accuserai devant vous de ce que, né pour cette éloquence
virile et oratoire par laquelle il pourrait gagner et entretenir
des amitiés, s'attacher des provinces, il renonce à la profession
qui chez nous procure le plus d'avantages et d'agrément, et pro-
met le plus d'honneurs, à celle qui donne dans Rome la plus
belle renommée, et qui la répand avec le plus d'éclat chez tous
les peuples de l'empire. Car, si l'utilité doit être le but de tous
nos desseins et de toutes nos actions, quelle plus utile sauvegarde
que d'exercer un art où l'on trouve des armes toujours prêtes
pour soutenir ses amis, porter secours aux étrangers, préserver
un malheureux de sa perte, enfin jeter dans l'âme d'un envieux

non patiar	je ne souffrirai pas
Maternum defendi	Maternus être-défendu
societate plurium,	en compagnie de plusieurs,
sed arguam	mais j'accuserai
apud vos	devant vous
ipsum solum,	lui-même seul,
quod	parce que
natus ad eloquentiam	né pour l'éloquence
virilem et oratoriam,	virile et oratoire,
qua possit simul	par laquelle il pourrait à la fois
parere et tueri	faire-naître et conserver
amicitias,	des amitiés,
adsciscere necessitudines,	acquérir des liens *d'affection*
complecti provincias,	s'attacher des provinces
omittit studium	il néglige une profession
quo non aliud	que laquelle pas autre-chose
vel fructuosius	ou plus avantageuse
ad utilitatem,	pour l'utilité,
vel jucundius	ou plus agréable
ad voluptatem,	pour le plaisir,
vel amplius	ou plus abondante
ad dignitatem,	pour l'honneur,
vel pulchrius	ou plus belle
ad famam	pour la renommée
urbis,	de (dans) la ville (Rome),
vel illustrius	ou plus éclatante
ad notitiam	pour la notoriété
totius imperii	de (dans) tout l'empire
atque omnium gentium	et de (dans) tous les peuples
potest excogitari	*ne* peut être-imaginée
in nostra civitate.	dans notre cité.
Nam	Car
si omnia nostra consilia	si tous nos desseins
factaque	et *tous nos* actes
sunt dirigenda	sont devant-être-dirigés
ad utilitatem vitæ,	vers l'utilité de la vie,
quid est tutius	quelle-chose est plus sûre
quam exercere	que *d'*exercer
eam artem	cet art
qua semper armatus	dont toujours armé
ferat	on pourrait-porter
præsidium amicis,	assistance aux amis,
opem alienis,	secours aux étrangers,
salutem periclitantibus,	le salut à ceux-qui-sont-en-danger,
vero ultro	mais en-outre

ferat, ipse securus et velut quadam perpetua potentia
ac potestate munitus? cujus vis et utilitas rebus prospere fluentibus aliorum perfugio et tutela intellegitur :
sin proprium periculum increpuit, non hercule lorica
et gladius in acie firmius munimentum quam reo et
periclitanti eloquentia, præsidium simul ac telum,
quo propugnare pariter et incessere sive in judicio sive
in senatu sive apud principem possis. Quid aliud
infestis patribus nuper Eprius Marcellus quam eloquentiam suam opposuit? qui accinctus et minax
disertam quidem, sed inexercitatam et ejus modi
certaminum rudem Helvidii sapientiam elusit. Plura
de utilitate non dico, cui parti minime contra dicturum
Maternum meum arbitror.

ou d'un ennemi la terreur et l'effroi, tranquille soi-même et
comme revêtu d'une puissance et d'une magistrature perpétuelles ?
Le pouvoir et les bienfaits de cet art se révèlent, dans la bonne
fortune, par l'appui et la protection que vous donnez à d'autres.
L'orage vient-il à gronder sur vous-même : non, l'épée et la
cuirasse ne sont pas pour le guerrier une puissance plus sûre
que n'est pour l'accusé en péril cette éloquence qui, servant de
glaive comme de bouclier, peut devant les juges, le sénat ou le
prince, porter également et repousser les coups ! Quelle autre
puissance que celle de la parole opposa naguère Eprius Marcellus
au déchaînement des sénateurs? Couvert de cette armure mena-
çante, il mit en défaut la sagesse d'Helvidius, éloquente aussi.
mais mal exercée et peu faite aux combats de ce genre. Je n'en
dirai pas davantage sur l'utilité, qui sans doute ne sera pas con-
testée par notre ami Maternus.

metum et terrorem	la crainte et la terreur
invidis et inimicis,	aux envieux et aux ennemis,
ipse securus	soi-même tranquille
et velut munitus	et comme protégé
quadam perpetua	d'une certaine perpétuelle
potentia ac potestate?	puissance et souveraineté?
cujus vis et utilitas	dont le pouvoir et l'utilité
intellegitur,	est-comprise (se comprend),
rebus fluentibus prospere,	les affaires coulant avec-prospérité,
perfugio et tutela aliorum :	par l'abri et la protection des autres :
sin periculum proprium	si-au-contraire un péril propre
increpuit,	a éclaté,
hercule	par Hercule!
lorica et gladius	la cuirasse et l'épée
non munimentum firmius	ne *sont* pas *une* protection plus-solide
in acie	dans la bataille
quam reo	qu'à un accusé
et periclitanti	et à un-homme-en-danger
eloquentia,	l'éloquence,
simul præsidium	à la fois protection
ac telum,	et arme-offensive,
quo possit	avec-laquelle on pourrait
pariter	également
propugnare et incessere	repousser et attaquer
sive in judicio,	soit dans le tribunal,
sive in senatu,	soit dans le Sénat,
sive apud principem.	soit devant le prince.
Quid aliud	Quelle autre-chose
quam suam eloquentiam	que son éloquence
Eprius Marcellus	Eprius Marcellus
opposuit nuper	opposa-t-il naguère
patribus infestis?	aux sénateurs *qui lui étaient* hostiles?
qui accinctus et minax	lequel (Eprius) armé et menaçant
elusit	mit-en-défaut
sapientiam Helvidii	la sagesse d'Helvidius
disertam quidem,	éloquente à-la-vérité,
sed inexercitatam	mais mal-exercée
et rudem certaminum	et ignorante des luttes
ejus modi.	de ce genre.
Non dico plura	Je ne dis pas plus-de-choses
de utilitate,	sur l'utilité *de l'éloquence*, [*tion*
cui parti	à laquelle partie *de mon argumenta-*
arbitror	je pense
meum Maternum	mon-cher Maternus
contra dicturum minime.	ne devoir pas contredire du tout

VI. « Ad voluptatem oratoriæ eloquentiæ transeo, cujus jucunditas non uno aliquo momento, sed omnibus prope diebus ac prope omnibus horis contingit. Quid enim dulcius libero et ingenuo animo et ad voluptates honestas nato quam videre plenam semper et frequentem domum suam concursu splendidissimorum hominum? idque scire non pecuniæ, non orbitati, non officii alicujus administrationi, sed sibi ipsi dari? ipsos quin immo orbos et locupletes et potentes venire plerumque ad juvenem et pauperem, ut aut sua aut amicorum discrimina commendent. Ullane tanta ingentium opum ac magnæ potentiæ voluptas quam spectare homines veteres et senes et totius orbis gratia subnixos in summa rerum omnium abundantia confi-

VI. « Je passe au plaisir que procure l'éloquence oratoire, plaisir dont la douceur n'est pas celle d'un instant fugitif, mais se renouvelle tous les jours et presque à toutes les heures. Quoi de plus doux, en effet, pour une âme libre, généreuse et née pour les nobles jouissances, que de voir sa demeure sans cesse remplie par le concours des hommes du plus haut rang, et de savoir que ce n'est point à l'opulence, à l'espoir d'un héritage vacant, à quelque place importante, mais à la personne même que s'adresse cet honneur? Je dis plus : les vieillards sans héritiers, les riches, les puissants, sont les premiers à venir chez un orateur jeune et pauvre, pour remettre en ses mains leur destinée et celle de leurs amis. Le plaisir de posséder une fortune immense ou un grand pouvoir égalera-t-il celui de voir des hommes vieux et pleins de jours, environnés de la considération générale, vivant au sein de l'abondance, confesser qu'ils man-

VI. « Transeo	VI. « Je passe
ad voluptatem	au plaisir
eloquentiæ oratoriæ,	de l'éloquence oratoire,
cujus jucunditas contingit	dont la douceur arrive
non aliquo momento uno,	non dans quelque moment unique
sed prope	mais presque
omnibus diebus	tous les jours
ac prope	et presque
omnibus horis.	à toutes les heures.
Quid enim dulcius	Quelle-chose *est* en-effet plus-douce
animo libero et ingenuo	pour-une-âme libre et généreuse
et nato	et née
ad voluptates honestas	pour les plaisirs nobles
quam videre	que *de* voir
suam domum	sa maison
semper plenam	toujours pleine
et frequentem	et remplie
concursu hominum	par le concours des hommes
splendidissimorum?	les plus illustres?
scireque id dari	et *de* savoir cela être–accordé
non pecuniæ,	non à la fortune,
non orbitati,	non au manque-de-parents (héritiers),
non administrationi	non à l'administration
alicujus officii,	de quelque charge,
sed sibi ipsi?	mais à soi-même?
quin immo	et-même bien-plus
orbos ipsos ,	les gens-sans-parents eux-mêmes
et locupletes	et les riches
et potentes	et les puissants
venire plerumque	venir souvent
ad juvenem et pauperem,	vers un *homme*-jeune et pauvre,
ut commendent	pour qu'ils *lui* confient
aut sua discrimina	ou leurs situations critiques
aut amicorum.	ou *celles* d'amis.
Ullane voluptas	Est-ce-que quelque plaisir
opum ingentium	de richesses immenses
ac magnæ potentiæ	et de grande puissance
tanta	*est*-si grand
quam spectare	que *de* voir
homines veteres	des hommes âgés
et senes	et vieux
et subnixos gratia	et appuyés sur la faveur
totius orbis,	de tout l'univers,
confitentes	avouant
in summa abundantia	dans la-plus-grande abondance

tentes, id quod optimum sit se non habere? Jam vero
qui togatorum comitatus et egressus! Quæ in publico
species! Quæ in judiciis veneratio! Quod gaudium
consurgendi assistendique inter tacentes et in unum
conversos! Coire populum et circumfundi coronam et
accipere affectum, quemcumque orator induerit! Vul-
gata dicentium gaudia et imperitorum quoque oculis
exposita percenseo : illa secretoria et tantum ipsis
orantibus nota majora sunt. Sive accuratam medita-
tamque profert orationem, est quoddam sicut ipsius
dictionis, ita gaudii pondus et constantia; sive novam
et recentem curam non sine aliqua trepidatione animi
attulerit, ipsa sollicitudo commendat eventum et leno-
cinatur voluptati. Sed extemporalis audaciæ atque
ipsius temeritatis vel præcipua jucunditas est; nam in

quent du premier de tous les biens? Quand l'orateur sort en
public, que de clients l'accompagnent! quelle imposante repré-
sentation! que de respects dans le lieu où se rend la justice! quel
triomphe quand il se lève, et, debout au milieu du silence universel, attire sur lui tous les regards! quand il voit le peuple
accourir, l'entourer d'un cercle immense, recevoir de sa parole
mille impressions diverses! Et je raconte ici les joies vulgaires
de l'orateur, celles qui frappent les yeux les moins clairvoyants :
il en est de plus secrètes que lui seul peut connaître, et ce sont
les plus grandes. Apporte-t-il un discours soigneusement travaillé : sa joie, comme sa diction, a quelque chose de grave et
d'imperturbable. Se présente-t-il, non sans quelque trouble inté-
rieur, avec une composition nouvelle et à peine achevée : l'inquié-
tude même rend le succès plus flatteur et le plaisir plus vif. Mais
ce sont les hardiesses et jusqu'aux témérités de l'improvisation
qui procurent les plus douces jouissances. Car il en est du génie

omnium rerum	de toutes choses
se non habere id	eux n'avoir pas cette-chose
quod sit optimum?	qui est la meilleure?
Vero jam	Mais en-outre
qui comitatus	quels accompagnements
togatorum	de citoyens-en-toges
et egressus!	et *quelles* sorties!
Quæ species	Quel spectacle
in publico!	en public!
Quæ veneratio	Quel respect
in judiciis!	dans les tribunaux!
Quod gaudium	Quelle joie
consurgendi	de se lever
assistendique	et de se tenir debout
inter tacentes	au-milieu-de gens-silencieux
et conversos in unum!	et tournés vers un-seul!
Populum coire	Le peuple *de* se rassembler
et coronam	et l'assemblée
circumfundi,	d'être répandue-autour *de l'orateur*
et accipere	et *de* recevoir
affectum quemcumque	l'impression quelle-qu'elle-soit-que
orator induerit!	l'orateur *lui* a communiquée!
Percenseo	Je passe en revue
gaudia dicentium	les joies de ceux-qui-parlent
vulgata et exposita	vulgaires et exposées
oculis imperitorum quoque:	aux yeux des ignorants même :
illa secretoria	celles-là (ces joies) plus secrètes
et nota	et connues
tantum ipsis orantibus	seulement de ceux-mêmes qui parlent
sunt majora.	sont plus grandes.
Sive	Si-d'une-part
profert orationem	*l'orateur* prononce un discours
accuratam meditatamque,	soigné et préparé,
est quoddam pondus	il-y-a une-certaine gravité
et constantia	et *une certaine* continuité
sicut dictionis ipsius,	de-même-que de *sa* diction même
ita gaudii;	de-même de *sa* joie;
sive	si-d'autre-part
attulerit	il aura-apporté
curam novam et recentem,	un travail nouveau et récent,
non sine aliqua trepidatione,	non sans quelque trouble,
sollicitudo ipsa	l'inquiétude elle-même
commendat eventum	fait-valoir le succès
et lenocinatur voluptati.	et vient-en-aide au plaisir.
Sed jucunditas vel præcipua	Mais le plaisir le-plus-important

ingenio quoque, sicut in agro, quamquam alia diu
serantur atque elaborentur, gratiora tamen quæ sua
sponte nascuntur.

VII. « Equidem, ut de me ipso fatear, non eum diem
lætiorem egi, quo mihi latus clavus oblatus est, vel
quo homo novus et in civitate minime favorabili natus
quæsturam aut tribunatum aut præturam accepi,
quam eos, quibus mihi pro mediocritate hujus quan-
tulæcumque in dicendo facultatis aut reum prospere
defendere aut apud centumviros causam aliquam
feliciter orare aut apud principem ipsos illos libertos
et procuratores principum tueri et defendere datur.
Tum mihi supra tribunatus et præturas et consulatus
ascendere videor, tum habere quod, si non in aliquo

comme de la terre : si l'on estime les fruits d'une longue culture
et d'un pénible travail, les productions qui naissent d'elles
mêmes sont les plus agréables.

VII. « Pour moi, je l'avouerai franchement, ni le jour où je
fus décoré du laticlave, ni ceux où, malgré la défaveur attachée
à ma naissance et à mon pays, je fus nommé questeur, ou tribun,
ou préteur, ne furent à mes yeux de plus beaux jours que ceux
où, grâce à un talent oratoire sans doute beaucoup trop faible, il
m'est donné de sauver un accusé, de plaider une cause avec
succès devant les centumvirs, ou d'être, auprès du prince, le
défenseur et le patron de ces affranchis et de ces procurateurs si
puissants à la cour des princes. Alors je crois m'élever au-dessus
des tribunats, des prétures et des consulats : je crois posséder ce

est audaciæ extemporalis | est *celui* de l'audace de-l'-improvisation
atque temeritatis ipsius; | et de la témérité elle-même;
nam in ingenio quoque, | car dans le génie aussi,
sicut in agro, | comme dans un champ,
quamquam alia | quoique d'autres-choses
serantur atque elaborentur | soient-semées et soient-travaillées
diu, | pendant longtemps,
tamen quæ nascuntur | cependant les-choses-qui naissent
sua sponte | de leur propre-mouvement
gratiora. | *sont* plus agréables.

VII. « Equidem, | VII. « A la vérité,
ut fatear | pour-que je déclare
de me ipso, | au-sujet-de moi-même,
non egi eum diem | je n'ai pas passé ce jour
quo latus clavus | où le laticlave
oblatus est mihi | a été offert à moi
vel quo, | ou *celui* où,
homo novus | homme nouveau
et natus in civitate | et né dans *une* cité
minime favorabili, | pas-du-tout favorable,
accepi quæsturam | j'ai reçu la questure
aut tribunatum | ou le tribunat
aut præturam | ou la préture
lætiorem | *je ne l'ai pas passé* plus agréable
quam eos quibus | que ceux dans-lesquels
datur mihi | il est-donné à moi
pro mediocritate | grâce-à la-petite-quantité
hujus facultatis in dicendo | de ce-*mien* talent en (à) parler
quantulæcumque | si-petit-qu'il-soit
aut defendere prospere | ou *de* défendre avec-succès
reum, | un accusé,
aut orare feliciter | ou *de* plaider heureusement
aliquam causam | quelque cause
apud centumviros, | devant les centumvirs,
aut tueri et defendere | ou *de* protéger et *de* défendre
apud principem | devant le prince
illos libertos ipsos | ces affranchis eux-mêmes
et procuratores principum. | et *ces* procurateurs des princes.
Tum videor mihi | Alors je suis-vu à moi (je me parais)
ascendere | monter
supra tribunatus | au-dessus-des tribunats
et præturas | et *des* prétures
et consulatus, | et *des* consulats,
tum | alors
habere quod, | *je me parais* posséder ce-qui,

oritur, nec codicillis datur nec cum gratia venit.
Quid? fama et laus cujus artis cum oratorum gloria
comparanda est? Quidnam illustrius est in urbe non
solum apud negotiosos et rebus intentos, sed etiam
apud vacuos et adulescentes, quibus modo recta
indoles est et bona spes sui? Quorum nomina prius
parentes liberis suis ingerunt? Quos sæpius vulgus
quoque imperitum et tunicatus hic populus transeuntes
nomine vocat et digito demonstrat? Advenæ quoque
et peregrini jam in municipiis et coloniis suis auditos,
cum primum urbem attigerunt, requirunt ac velut
agnoscere concupiscunt.

VIII. « Ausim contendere Marcellum hunc Eprium,
de quo modo locutus sum, et Crispum Vibium (liben-
tius enim novis et recentibus quam remotis et oblit-

---

qu'on tient de soi-même et non d'un autre, ce que ne confère
point une lettre impériale, ce qui ne vient pas avec la faveur.
Eh! quel est celui des arts dont l'éclat et la renommée ne le cèdent
à la gloire dont les orateurs jouissent dans Rome, non seulement
parmi les hommes agissants et occupés des affaires, mais encore
parmi les jeunes gens de l'âge le moins sérieux, pour peu qu'ils
aient un esprit bien fait et la conscience de quelque talent? Quels
noms les pères font-ils entrer plus tôt dans la mémoire de leurs
fils? Quels citoyens sont plus souvent, sur leur passage, nommés,
désignés du doigt par la multitude sans lettres et le peuple en
tunique? Les étrangers même et les voyageurs, frappés déjà au
fond des provinces du bruit de leur réputation, sont à peine
arrivés dans Rome, qu'ils les recherchent et veulent reconnaître,
pour ainsi dire, les traits de leur visage.

VIII. « Je citerai des exemples modernes et récents, plutôt que
des faits éloignés et vieillis : j'oserai prétendre que Marcellus
Eprius, dont je parlais tout à l'heure, et Vibius Crispus, ne sont

si non oritur in aliquo,	s'il ne naît pas chez quelqu'un,
nec datur codicillis	et n'est pas donné par des brevets
nec venit cum gratia.	et ne vient pas avec la faveur.
Quid?	Eh quoi!
Cujus artis	De quel art
fama et laus	la gloire et la renommée
est comparanda	est-*elle* devant-être-comparée
cum gloria oratorum?	avec la gloire des orateurs?
Quidnam est illustrius	Quelle-chose est plus illustre
in urbe	dans la ville
non solum	non seulement
apud negotiosos	aux-yeux-des-gens occupés
et intentos rebus,	et appliqués aux affaires,
sed etiam apud vacuos	mais encore aux-yeux-des oisifs
et adulescentes,	et des jeunes-gens,
quibus est modo	auxquels est seulement
indoles recta	une nature droite
et bona spes sui?	et une bonne espérance d'eux-mêmes?
Quorum parentes	De qui les parents
ingerunt prius	font-ils entrer plus tôt
nomina	les noms
liberis suis?	dans *la mémoire de* leurs enfants?
Quos	Qui
vulgus imperitum quoque	la foule ignorante même
et hic populus tunicatus	et ce peuple en-tunique
vocat sæpius nomine	appelle-t-il plus souvent par *leur* nom
et demonstrat digito	et montre-t-il du doigt
transeuntes?	passant (sur leur passage)?
Advenæ quoque	Les étrangers même
et peregrini,	et les voyageurs,
cum primum	quand pour-la-première-fois (dès que)
attigerunt urbem,	ils ont atteint la ville,
requirunt	recherchent
ac concupiscunt	et désirent
velut agnoscere	en-quelque-sorte reconnaître [ler déjà
auditos jam	*les orateurs* dont-ils-ont-entendu-par-
in suis municipiis	dans leurs municipes
et coloniis.	et *leurs* colonies.
VIII. «Ausim contendere	VIII. « J'oserais prétendre
hunc Marcellum Eprium,	ce Marcellus Eprius,
de quo locutus sum	au-sujet duquel j'ai parlé
modo,	tout-à-l'heure,
et Crispum Vibium	et Crispus Vibius
(utor enim libentius	(je-me-sers en-effet plus-volontiers
exemplis	d'exemples

teratis exemplis utor) non minus esse in extremis partibus terrarum quam Capuæ aut Vercellis, ubi nati
dicuntur. Nec hoc illis alterius bis, alterius ter millies
sestertium præstat (quanquam ad has ipsas opes possunt videri eloquentiæ beneficio venisse), sed ipsa
eloquentia; cujus numen et cælestis vis multa quidem
omnibus sæculis exempla edidit, ad quam usque fortunam homines ingenii viribus pervenerint, sed hæc, ut
supra dixi, proxima et quæ non auditu cognoscenda,
sed oculis spectanda haberemus. Nam quo sordidius
et abjectius nati sunt quoque notabilior paupertas et

pas moins connus aux extrémités du monde que dans les villes
de Capoue et de Verceil, où l'on dit qu'ils sont nés. Et ils ne le
doivent ni l'un à ses deux cents, ni l'autre à ses trois cents millions
de sesterces, qui après tout peuvent être considérés comme une
conquête de l'éloquence, mais à l'éloquence même, dont la vertu
puissante et céleste a donné dans tous les siècles tant de preuves
de la haute fortune où l'homme peut s'élever par la seule force
du génie. Les faits que je viens de rappeler sont près de nous, il
n'est pas besoin qu'un récit nous les apprenne, nous pouvons
chaque jour les voir de nos yeux : plus l'origine de ces deux
orateurs est basse et abjecte, plus furent profondes l'indigence

novis et recentibus	nouveaux et récents
quam	que
remotis et oblitteratis)	d'éloignés et d'effacés [oubliés])
non esse minus	n'être pas moins
in partibus extremis	dans les parties les-plus-reculées
terrarum	des terres
quam Capuæ	qu'à Capoue
aut Vercellis	ou à Verceil
ubi dicuntur nati.	où-ils-sont-dits *être* nés.
Nec	Ni [deux cents millions)[5]
bis millies	*les* deux-fois mille *cent-milliers* (les
sestertium	de sesterces
alterius,	de l'un des deux, [trois cents millions)[4]
ter	*les* trois-fois *mille cent-milliers* (les
alterius	de l'autre des deux
(quanquam possunt	(quoique *ces orateurs* puissent
videri venisse	paraître être-arrivés
ad has opes ipsas	à ces richesses mêmes
beneficio eloquentiæ),	par le bienfait de l'éloquence),
sed eloquentia ipsa	mais *leur* éloquence même
præstat hoc illis;	procure ceci (cet honneur) à eux;
cujus numen	de laquelle *éloquence* la puissance
et vis cælestis	et la vertu céleste
edidit	a produit
omnibus sæculis	dans tous les siècles
exempla multa quidem	des exemples nombreux à-la-vérité
ad quam fortunam	*montrant* à quelle fortune
usque	tout-à-fait
homines	des hommes
pervenerint	sont parvenus
viribus ingenii,	par les forces du génie,
sed hæc,	mais *elle a donné* ceux-ci (ces exemples).
ut dixi supra,	comme je *l'*ai-dit plus haut,
proxima	les plus rapprochés
et quæ haberemus	et tels que nous les aurions [dition,
non cognoscenda auditu,	non-pas devant-être-appris par l'au-
sed spectanda oculis.	mais devant-être-vus par-les-yeux.
Nam sunt exempla	Car ils sont des exemples
eo clariora	d'autant plus-éclatants
et illustriora	et *d'autant* plus-illustres
ad utilitatem	pour l'utilité
eloquentiæ oratoriæ	de l'éloquence oratoire
demonstrandam	devant être démontrée
quo nati sunt sordidius	qu'ils sont nés plus-misérablement
et abjectius,	et plus-humblement,

angustiæ rerum nascentes eos circumsteterunt, eo cla-
riora et ad demonstrandam oratoriæ eloquentiæ utilitatem illustriora exempla sunt, quod sine commenda-
tione natalium, sine substantia facultatum, neuter
moribus egregius, alter habitu quoque corporis contemptus, per multos jam annos potentissimi sunt civitatis, ac, donec libuit, principes fori, nunc principes
in Cæsaris amicitia, agunt feruntque cuncta atque
ab ipso principe cum quadam reverentia diliguntur,
quia Vespasianus, venerabilis senex et patientissimus
veri, bene intellegit ceteros quidem amicos suos iis
niti, quæ ab ipso acceperint quæque et ipsis accumu-
lare et in alios congerere promptum sit, Marcellum
autem et Crispum attulisse ad amicitiam suam quod
non a principe acceperint nec accipi possit. Minimum
inter tot ac tanta locum obtinent imagines ac tituli et
statuæ, quæ neque ipsa tamen negleguntur, tam

et la pauvreté qui entourèrent leur berceau, et plus aussi leur
destinée met dans une lumière éclatante l'utilité de l'éloquence
oratoire. En effet, sans naissance qui les recommandât, sans
richesses qui soutinssent leur ambition, tous deux avec des
mœurs qui leur font peu d'honneur, l'un des deux avec un exté-
rieur qui l'expose au mépris, ils sont, depuis un grand nombre
d'années, les hommes les plus puissants de l'État ; et, après avoir
été aussi longtemps qu'ils ont voulu les premiers du barreau, ils
sont aujourd'hui les premiers dans la faveur de César, disposent
à leur gré de toutes choses, et inspirent au prince même des sentiments où une sorte de respect se mêle à la tendresse. C'est que
Vespasien, ce vieillard vénérable et que la vérité n'offensa jamais,
comprend que, si ses autres amis fondent leur grandeur sur des
avantages qu'ils tiennent de lui-même, et qu'il lui est si facile d'ac-
cumuler pour eux et de prodiguer à d'autres, Marcellus et Crispus
ont apporté à son amitié des titres qu'ils n'ont ni reçus ni pu
recevoir du prince. Parmi tant et de si grands biens, les images,
les inscriptions, les statues, occupent sans doute la moindre place;
et cependant il ne faut pas croire qu'on y renonce, non plus

quoque paupertas notabi-	et qu'une pauvreté plus-connue
et angustiæ rerum [lior	et des difficultés d'affaires (de fortune)
notabiliores [scentes,	*plus connues*
circumsteterunt eos na-	entourèrent eux naissant,
quod [lium,	parce que [sances.
sine commendatione nata-	sans la recommandation de *leurs* nais-
sine substantia facultatum,	sans ce-qui-constitue les ressources,
neuter	*n'étant* ni-l'un-ni-l'autre
egregius moribus,	excellent par les mœurs,
alter contemptus quoque	l'un-des-deux *étant* méprisé même
habitu corporis,	par(pour)la manière-d'être de *son* corps.
sunt potentissimi civitatis	ils sont les plus puissants de la cité
per multos annos jam	durant de nombreuses années déjà
ac, donec libuit,	et, tant-qu'il *leur* a plu,
principes fori,	les premiers du forum,
nunc principes	maintenant les premiers
in amicitia Cæsaris,	dans l'amitié de César, [choses :
agunt feruntque cuncta :	ils emmènent et ils emportent toutes
atque diliguntur	et ils sont-aimés
cum quadam reverentia	avec un certain respect
ab principe ipso,	par le prince lui-même,
quia Vespasianus,	parce que Vespasien,
senex venerabilis	vieillard vénérable
et patientissimus veri,	et tolérant-tout-à-fait la vérité,
intellegit bene	comprend bien
ceteros suos amicos	tous ses autres amis
niti quidem iis	s'appuyer à-la-vérité sur ces-choses
quæ acceperint ab ipso	qu'ils ont reçues de lui-même
quæque promptum sit	et qu'il serait facile
et accumulare ipsis	et *d'*accumuler pour ceux-là mêmes
et congerere in alios,	et *d'*entasser sur d'autres,
autem Marcellum	mais Marcellus
et Crispum	et Crispus
attulisse ad suam amicitiam	avoir-apporté à son amitié
quod non acceperint	ce-qu'ils n'ont pas reçu
a principe,	du prince,
nec possit accipi.	et qui ne pourrait être-reçu *de lui*.
Imagines ac tituli	Les images et les inscriptions
et statuæ	et les statues
obtinent minimum locum	tiennent une très-petite place
inter tot ac tanta,	parmi tant et de si grandes choses,
quæ	*images, inscriptions et statues* qui
tamen	pourtant [gligées,
neque ipsa negleguntur,	non-plus elles-mêmes *ne* sont pas né-
tam, hercule, quam	autant, par Hercule, que (pas plus que)

hercule quam divitiæ et opes, quas facilius invenies
qui vituperet quam qui fastidiat. His igitur et honoribus et ornamentis et facultatibus refertas domos
eorum videmus, qui se ab ineunte adulescentia causis
forensibus et oratorio studio dederunt.

IX. « Nam carmina et versus, quibus totam vitam
Maternus insumere optat (inde enim omnis fluxit
oratio), neque dignitatem ullam auctoribus suis conci-
liant neque utilitates alunt; voluptatem autem brevem,
laudem inanem et infructuosam consequuntur. Licet
hæc ipsa et quæ deinceps dicturus sum aures tuæ,
Materne, respuant, cui bono est, si apud te Agamemnon aut Jason diserte loquitur? Quis ideo domum
defensus et tibi obligatus redit? Quis Saleium nostrum,
egregium poetam vel, si hoc honorificentius est, præ-
clarissimum vatem, deducit aut salutat aut prosequi-

qu'aux richesses et à la fortune, que tant de gens blâment et que
si peu dédaignent. Oui, ces honneurs, ces décorations, cette
opulence, nous les voyons affluer dans les mains de ceux qui dès
leur première jeunesse se sont voués aux exercices du barreau et
aux études oratoires.

IX. « Mais les vers, auxquels Maternus veut consacrer sa vie
entière (car c'est là ce qui a donné lieu à tout ce discours), les
vers ne mènent leurs auteurs ni aux distinctions ni à la fortune.
Le plaisir d'un instant, des louanges vaines et infructueuses,
voilà tout ce qu'ils procurent. Ce que je dis, Maternus, et ce
que je vais dire encore, effarouchera peut-être vos oreilles : à
quoi sert-il qu'Agamemnon ou Jason s'expriment chez vous
avec talent? Quel client défendu par là retourne chez lui votre

divitiæ et opes,	les richesses et les biens,
quas	lesquelles [qu'un
invenies facilius	vous trouverez plus-facilement quel-
qui vituperet	qui les blâme
quam	que
qui fastidiat.	quelqu'un qui les dédaigne.
Videmus igitur	Nous voyons donc
refertas	pleines
et his honoribus	et de ces honneurs
et ornamentis	et de ces décorations
et facultatibus	et de ces ressources
domos eorum	les maisons de ceux
qui se dederunt	qui se sont-donnés
ab adulescentia ineunte	dès l'adolescence commençant
causis forensibus	aux causes du forum
et studio oratorio.	et à l'étude oratoire.
IX. « Nam carmina	IX. « Car les poèmes
et versus,	et les vers,
quibus Maternus	auxquels Maternus
optat insumere	désire consacrer
totam vitam	toute sa vie
(inde enim	(de-là en-effet
omnis oratio fluxit),	tout ce discours à-découlé),
neque conciliant	et ne procurent pas
ullam dignitatem	quelque dignité
suis auctoribus,	à leurs auteurs, [intérêts ;
neque alunt utilitates ;	et ne nourrissent (satisfont) pas leurs
autem consequuntur	mais ils obtiennent
voluptatem brevem,	un plaisir de courte-durée,
laudem inanem	une louange vaine
et infructuosam.	et infructueuse.
Licet aures tuæ,	Quoique vos oreilles,
Materne,	Maternus,
respuant hæc ipsa	repoussent ces choses-ci mêmes
et quæ sum dicturus	et celles que je suis devant-dire
deinceps,	ensuite,
cui est bono,	à qui est-ce à-bien (sert)
si Agamemnon aut Jason	si Agamemnon ou Jason
loquitur diserte apud te?	parle avec-talent chez vous?
Quis ideo	Qui pour cela
redit domum	revient dans sa maison
defensus et obligatus tibi?	défendu et obligé à vous?
Quis deducit	Qui reconduit
aut salutat	ou salue
aut prosequitur	ou accompagne

tur? Nempe si amicus ejus, si propinquus, si denique
ipse in aliquod negotium inciderit, ad hunc Secundum recurret aut ad te, Materne, non quia poeta es,
neque ut pro eo versus facias; hi enim Basso domi
nascuntur, pulchri quidem et jucundi, quorum tamen
hic exitus, ut cum toto anno, per omnes dies, magna
noctium parte unum librum excudit et elucubravit,
rogare ultro et ambire cogatur, ut sint qui dignentur
audire, et ne id quidem gratis; nam et domum mu-
tuatur et auditorium exstruit et subsellia conducit et
libellos dispergit. Et, ut beatissimus recitationem ejus
eventus prosequatur, omnis illa laus intra unum aut
alterum diem, velut in herba vel flore præcepta, ad
nullam certam et solidam pervenit frugem, nec aut

obligé? Notre ami Saleius est un grand poète, ou, si ce titre
est plus honorable, c'est un illustre interprète des Muses:
qui voit-on le reconduire, le visiter, lui faire cortège? Si son
ami, si son parent, si lui-même se trouve engagé dans quelque
affaire, c'est à Secundus qu'il recourra, ou bien à vous, Maternus,
et ce ne sera pas en votre qualité de poète, ni afin que vous fas-
siez des vers pour lui; les vers naissent d'eux-mêmes sous la
plume de Bassus, et des vers assurément pleins de charme et
d'intérêt : toutefois, quel en est le destin? Lorsque durant une
année entière il a travaillé tous les jours et une grande partie
des nuits à polir et repolir un seul livre, il faut qu'il se mette à
solliciter et mendier des auditeurs qui veuillent bien l'entendre.
Encore ne lira-t-il pas sans qu'il lui en coûte : il emprunte une
maison, fait arranger une salle, loue des banquettes, distribue des
annonces. Et sa lecture fût-elle couronnée du plus brillant succès,
cette gloire d'un jour, ainsi qu'une moisson coupée en herbes ou
séchée dans sa fleur, ne porte aucun fruit solide ni durable; le
poète ne gagne à ce triomphe ni un ami, ni un client, ni aucun droit

nostrum Saleium,	notre Saleius,
egregium poetam, [tius,	excellent poète,
vel, si hoc est honorificen-	ou, si ceci est plus honorable,
præclarissimum vatem?	illustre prêtre *des Muses?*
Nempe,	C'est que,
si amicus ejus,	si un ami de lui,
si propinquus,	si un parent,
si denique ipse [tium,	si enfin lui-même
inciderit in aliquod nego-	sera-tombé dans quelque affaire,
recurret ad hunc Secundum	il recourra à ce Secundus
aut ad te, Materne,	ou à vous, Maternus,
non quia es poeta,	non-pas parce-que vous êtes poète,
neque ut facias versus	ni pour-que vous fassiez des vers
pro eo ;	pour lui ;
hi enim	ceux-ci (les vers) en effet [eilement),
nascuntur Basso domi,	naissent à Bassus dans-sa-maison (fa-
pulchri quidem	beaux à-la-vérité
et jucundi,	et agréables,
quorum tamen exitus	desquels pourtant l'effet
hic, ut,	*est* celui-ci que,
cum toto anno,	quand toute l'année,
per omnes dies,	durant tous les jours,
magna parte noctium,	une grande partie des nuits,
excudit et elucubravit	il a forgé et travaillé-avec-soin
unum librum,	un seul livre,
cogatur rogare ultro	il est forcé de solliciter en-outre
et ambire,	et d'intriguer,
ut sint qui dignentur	pour qu'il y ait *des gens* qui daignent
audire,	l'écouter,
et ne id quidem gratis;	et pas même cela gratuitement :
nam et mutuatur domum,	car et il emprunte une maison,
et exstruit auditorium,	et il élève une salle d'audience,
et conducit subsellia,	et il loue des bancs,
et dispergit libellos.	et il distribue des annonces. [heureux
Et, ut eventus beatissimus	Et, en-admettant-que le succès le plus
prosequatur recitationem	accompagne la lecture de lui,
omnis illa laus [ejus,	toute cette gloire
intra unum	*qui dure* pendant un
aut alterum diem,	ou un second jour *seulement,*
velut præcepta	comme cueillie-d'avance
in herba vel flore,	en herbe ou *en* fleur,
pervenit ad nullam frugem	*ne* parvient à aucun fruit
certam et solidam,	certain et solide,
nec refert inde	et *le poète* ne rapporte pas de-là
aut amicitiam	ou une amitié

amicitiam inde refert aut clientelam aut mansurum in animo cujusquam beneficium, sed clamorem vagum et voces inanes et gaudium volucre. Laudavimus nuper ut miram et eximiam Vespasiani liberalitatem, quod quingenta sestertia Basso donasset. Pulchrum id quidem, indulgentiam principis ingenio mereri : quanto tamen pulchrius, si ita res familiaris exigat, se ipsum colere, suum genium propitiare, suam experiri liberalitatem! Adjice quod poetis, si modo dignum aliquid elaborare et efficere velint, relinquenda conversatio amicorum et jucunditas urbis, deserenda cetera officia utque ipsi dicunt, in nemora et lucos, id est in solitudinem, secedendum est.

X. « Ne opinio quidem et fama, cui soli serviunt et quod unum esse pretium omnis laboris sui fatentur, æque poetas quam oratores sequitur, quoniam mediocres poetas nemo novit, bonos pauci. Quando enim

aux souvenirs d'une âme reconnaissante : mais des acclamations vagues, de stériles applaudissements, une joie qui s'envole. Nous avons loué naguère, comme un rare et admirable exemple, la générosité de Vespasien donnant à Bassus cinq cent mille sesterces. Il est beau sans doute de mériter par son talent les grâces de l'empereur ; mais combien il est plus beau de pouvoir, dans le besoin, recourir à soi-même, se rendre son génie propice, faire l'essai de sa propre munificence ! Ajoutez que les poètes, s'ils veulent produire une œuvre digne qu'on la regarde, doivent renoncer aux douceurs de l'amitié et aux agréments de Rome, se soustraire à tous les devoirs de la vie, et, comme ils le disent eux-mêmes, s'enfoncer dans le silence religieux des bois, c'est-à-dire se condamner à la solitude.

X. « L'opinion même et la renommée, seul objet de leur culte, et dont ils attendent, de leur propre aveu, l'unique salaire d'un pénible travail, ont moins d'éloges pour les poètes que pour les orateurs ; car personne ne connaît les poètes médiocres, et peu connaissent les bons. Quelle lecture eut jamais un assez

aut clientelam	ou une clientèle
aut beneficium [quam,	ou un bienfait [qu'un,
mansurum in animo cujus-	devant-demeurer dans l'âme de quel-
sed clamorem vagum,	mais une clameur vague,
et voces inanes,	et des cris stériles
et gaudium volucre.	et une joie qui-s'envole.
Laudavimus nuper	Nous avons-loué naguère
ut miram et eximiam	comme admirable et rare
liberalitatem Vespasiani,	la générosité de Vespasien,
quod donasset Basso	parce qu'il avait-donné à Bassus
quingenta sestertia.	cinq cent *mille* sesterces[5].
Id quidem pulchrum,	Cela à-la-vérité *est* beau,
mereri ingenio	*de* mériter par *son* talent
indulgentiam principis :	la faveur du prince :
quanto tamen pulchrius,	combien pourtant *il est* plus-beau,
si res familiaris	si la chose personnelle
exigat ita,	exige ainsi,
colere se ipsum,	de protéger soi-même,
propitiare suum genium,	de se rendre-propice son-propre génie,
experiri suam liberalitatem?	d'éprouver sa-propre générosité?
Adjice quod poetis,	Ajoutez que pour les poètes,
si modo velint	si seulement ils veulent
elaborare et efficere	produire et accomplir
aliquid dignum,	quelque-chose *d'*estimable,
conversatio amicorum	le commerce des amis
et jucunditas urbis	et l'agrément de la ville
relinquenda,	*est* devant-être-abandonné,
cetera officia	tous-les-autres devoirs
deserenda,	*sont* devant-être-délaissés,
utque ipsi dicunt,	et-comme eux-mêmes *le* disent,
est secedendum	il est nécessaire-de-se-retirer
in nemora et lucos,	dans les bois et les forêts sacrés,
id est in solitudinem.	cela est (c'est-à-dire) dans la solitude.
X. « Ne quidem opinio	X. « Pas même l'opinion
et fama,	et la renommée,
cui soli serviunt,	à laquelle seule ils sont-asservis,
et quod pretium fatentur	et laquelle récompense ils avouent
esse unum	être la seule
omnis sui laboris,	de tout leur labeur,
sequitur poetas	*n'*accompagne les poètes
æque quam oratores,	au-même-degré que les orateurs,
quoniam nemo	parce que personne
novit poetas mediocres,	*ne* connaît les poètes médiocres,
pauci bonos.	*et que* peu *connaissent* les bons *poètes*.
Quando enim	Quand en-effet

rarissimarum recitationum fama in totam urbem pene-
trat? nedum ut per tot provincias innotescat. Quotus
quisque, cum ex Hispania vel Asia, ne quid de Gallis
nostris loquar, in urbem venit, Saleium Bassum
requirit? Atque adeo si quis requirit, ut semel vidit,
transit et contentus est, ut si picturam aliquam vel
statuam vidisset. Neque hunc meum sermonem sic
accipi volo, tanquam eos, quibus natura sua oratorium
ingenium denegavit, deterream a carminibus, si modo
in hac studiorum parte oblectare otium et nomen inse-
rere possunt famæ. Ego vero omnem eloquentiam
omnesque ejus partes sacras et venerabiles puto, nec
solum cothurnum vestrum aut heroici carminis sonum,
sed lyricorum quoque jucunditatem et elegorum lasci-
vias et iamborum amaritudinem et epigrammatum
lusus et quamcumque aliam speciem eloquentia
habeat, anteponendam ceteris aliarum artium studiis

rare succès pour que le bruit s'en répandît par toute la ville, bien
loin de pénétrer au fond de tant de provinces? Quel voyageur
venu d'Asie (pour ne point parler de nos Gaulois) s'enquiert en
arrivant de Saleius Bassus? Ou bien, si quelqu'un le cherche,
une fois qu'il l'a vu, il passe outre, et sa curiosité est satisfaite,
comme s'il avait vu un tableau ou une statue. Du reste, mon discours ne s'adresse pas à ceux auxquels la nature a refusé le génie
oratoire, et je ne veux pas les détourner des vers, si la poésie
peut charmer leurs loisirs et désigner leurs noms aux louanges
de la renommée. L'éloquence elle-même et tous les genres qu'elle
embrasse sont pour moi sacrés et vénérables ; et ce n'est pas
seulement le cothurne, objet de vos préférences, ni les accents de
la muse héroïque, qui obtiennent mes respects ; la douceur de la
lyre, les voluptueux caprices de l'élégie, l'amertume du vers sati-
rique, les jeux de l'épigramme, toutes les formes, en un mot, que

fama recitationum	la renommée de lectures
rarissimarum	très-remarquables
penetrat in totam urbem?	pénètre-t-elle dans toute la ville?
nedum ut innotescat	bien-loin qu'elle se-fasse-connaître
per tot provincias.	à-travers tant-de provinces.
Quotus quisque,	En-combien-petit-nombre *sont ceux qui*
cum venit in urbem	lorsqu'il vient (ils viennent) dans la ville
ex Hispania vel Asia,	d'Espagne ou d'Asie,
ne loquar quid	pour que je ne dise pas quelque-chose
de nostris Gallis,	de nos Gaules,
requirit Salcium Bassum?	recherche (recherchent) Salcius Bassus?
Atque adeo	Et même
si quis requirit,	si quelqu'un *le* recherche,
ut semel vidit,	dès qu'une-fois il *l'*a-vu,
transit et est contentus,	il passe et il est satisfait,
ut si vidisset	comme s'il avait-vu
aliquam picturam	quelque peinture
vel statuam.	ou *quelque* statue.
Neque volo	Et je ne veux pas
hunc meum sermonem	ce mien discours
accipi sic	être-reçu (interprété) ainsi
tanquam deterream	comme si je détourne
a carminibus	des vers
eos quibus sua natura	ceux à qui leur nature
denegavit ingenium orato-	a refusé le génie oratoire,
si modo possunt [rium,	si seulement ils peuvent
in hac parte studiorum	dans cette partie des études (les vers)
oblectare otium	charmer *leur* loisir
et inserere nomen famæ.	et faire-pénétrer *leur* nom dans la gloire.
Vero ego puto	Mais moi je pense
omnem eloquentiam	toute l'éloquence
omnesque partes ejus	et tous les genres d'elle
sacras et venerabiles,	*être* sacrés et vénérables,
nec credo	et je ne crois pas
vestrum cothurnum solum	votre cothurne seulement
aut sonum	ou le son
carminis heroici,	d'un poème héroïque,
sed quoque	mais aussi
jucunditatem lyricorum	la douceur des lyriques
et lascivias elegorum	et les voluptés des vers-élégiaques
et amaritudinem iamborum	et l'amertume des iambes
et lusus epigrammatum,	et les jeux des épigrammes,
et quamcumque aliam spe-	et toute autre forme que
eloquentia habeat [ciem	l'éloquence peut-avoir
anteponendam	*être* devant-être-préférée

credo. Sed tecum mihi, Materne, res est, quod, cum
natura tua in ipsam arcem eloquentiæ ferat, errare
mavis et summa adepturus in levioribus subsistis. Ut,
si in Græcia natus esses, ubi ludicras quoque artes
exercere honestum est, ac tibi Nicostrati robur ac vires
dii dedissent, non paterer inmanes illos et ad pugnam
natos lacertos levitate jaculi aut jactu disci vanescere,
sic nunc te ab auditoriis et theatris in forum et ad
causas et ad vera prœlia voco, cum præsertim ne ad
illud quidem confugere possis, quod plerisque patroci-
natur, tanquam minus obnoxium sit offendere, poetarum quam oratorum studium. Effervescit enim vis pul-
cherrimæ naturæ tuæ, nec pro amico aliquo, sed, quod
periculosius est, pro Catone offendis. Nec excusatur
offensa necessitudine officii aut fide advocationis aut

revêt l'art de bien dire, me paraissent le plus noble exercice d'un
esprit élevé. Mais c'est à vous, Maternus, que je fais le reproche
de ce que, porté par votre talent vers les hauteurs où l'éloquence
a établi le siège même de sa puissance, vous aimez mieux égarer
vos pas, et, près d'arriver au sommet, redescendre aux degrés infé-
rieurs. Si vous étiez né dans la Grèce, où l'on peut avec honneur
exercer aussi les arts du gymnase, et que les dieux vous eussent
donné la vigueur et les muscles de Nicostrate, je ne souffrirais
pas que ces bras puissants, formés pour le pugilat, dissipassent
vainement leurs forces à jeter un simple javelot ou à lancer un
disque. C'est ainsi que maintenant je vous appelle, de vos salles
de lecture et de vos théâtres, aux luttes du Forum et aux véritables combats. En vain essayeriez-vous de recourir à l'excuse ordinaire, que l'art du poète est moins sujet à offenser que celui de
l'orateur. La générosité de votre admirable naturel éclate malgré
vous, et ce n'est pas pour un ami, mais (chose bien plus dange-
reuse!) c'est pour Caton que vous offensez. Et rien ici qui atténue
l'offense, ni la loi impérieuse du devoir, ni le besoin d'une cause,

ceteris studiis	à toutes-les-autres occupations
aliarum artium.	des autres arts.
Sed, Materne,	Mais, Maternus,
res est mihi tecum	l'affaire est à moi avec vous
quod, cum tua natura	parce que, quoique votre nature
ferat in arcem ipsam	tende vers le suprême-degré même
eloquentiæ,	de l'éloquence,
mavis errare	vous préférez vous-égarer [mets
et adepturus summa	et étant-sur-le-point-d'atteindre les som-
subsistis in levioribus.	vous vous arrêtez à des choses infé-
Ut,	De même-que, [rieures.
si esses natus in Græcia,	si vous étiez né en Grèce,
ubi est honestum	où il est honorable
exercere	d'exercer
artes ludicras quoque,	les arts du-gymnase même,
ac dii tibi dedissent	et si les dieux vous avaient donné
robur ac vires Nicostrati,	la vigueur et les forces de Nicostrate,
non paterer	je ne souffrirais pas
illos lacertos immanes	ces bras énormes
et natos ad pugnam	et nés pour le pugilat
vanescere	devenir-inutiles
levitate jaculi	par la légèreté du javelot
aut jactu disci,	ou par le jet du disque,
sic nunc	de-même maintenant
voco te	j'appelle vous
ab auditoriis et theatris	des salles-de-lecture et des théâtres
in forum et ad causas	au forum et aux procès
et ad vera prœlia,	et aux véritables combats,
cum præsertim	puisque surtout
ne quidem possis	vous ne pouvez même pas
confugere ad illud,	recourir à cela (ce prétexte)
quod patrocinatur plerisque	que *la poésie* protège beaucoup-de-gens
tanquam studium poetarum	comme si le métier des poètes
sit minus obnoxium offen-	est moins sujet-à offenser
quam oratorum. [dere	que *celui* des orateurs.
Vis tuæ naturæ	La puissance de votre naturel
pulcherrimæ	très-beau
effervescit enim,	bouillonne en-effet,
nec offendis	et vous n'offensez pas
pro aliquo amico,	pour quelque ami,
sed, quod est periculosius,	mais, ce qui est plus dangereux,
pro Catone.	pour Caton.
Nec offensa excusatur	Et l'offense n'est pas excusée
necessitudine officii	par la nécessité du devoir
aut fide advocationis	ou par la fidélité d'une défense

fortuitæ et subitæ dictionis impetu : meditatus videris
hanc elegisse personam notabilem et cum auctoritate
dicturam. Sentio quid responderi possit : hinc
ingentes exsistere assensus, hæc in ipsis auditoriis
præcipue laudari et mox omnium sermonibus ferri....
Tolle igitur quietis et securitatis excusationem, cum
tibi sumas adversarium superiorem. Nobis satis sit
privatas et nostri sæculi controversias tueri, in quibus
expressis si quando necesse sit pro periclitante amico
potentiorum aures offendere, et probata sit fides et
libertas excusata. »

XI. Quæ cum dixisset Aper acrius, ut solebat, et
intento ore, remissus et subridens Maternus : « Paran-
tem, inquit, me non minus diu accusare oratores

ni les hasards d'une improvisation rapide et animée. C'est avec
réflexion que vous semblez avoir choisi un personnage dont le nom
frappe et dont les paroles aient de l'autorité. Je sais ce que l'on
peut répondre : c'est de là que viennent les grands succès; voilà
ce qui enlève les applaudissements d'un auditoire, ce qui est
bientôt répété par toutes les bouches.... Cessez donc d'alléguer
ce repos et cette sécurité prétendue, puisque vous allez chercher
un adversaire qui a la force de son côté. Qu'il nous suffise à
nous de défendre des intérêts privés et de notre siècle : là du
moins, si le péril d'un ami nous arrache quelques expressions qui
blessent des oreilles puissantes, on estimera notre zèle, et notre
liberté trouvera son excuse. »

XI. Lorsque Aper eut prononcé ces mots avec sa chaleur et sa
véhémence accoutumées : « Je me suis préparé, dit Maternus en
souriant et du ton le plus calme, à faire le procès aux orateurs
aussi longtemps qu'Aper en a fait le panégyrique. Je m'attendais

aut impetu dictionis	ou par l'impétuosité d'une diction
fortuitæ et subitæ :	fortuite et improvisée :
videris elegisse	vous paraissez avoir-choisi
hanc personam notabilem	ce personnage connu
et dicturam cum auctoritate	et devant-parler avec autorité
meditatus.	ayant médité *cela* (à dessein).
Sentio quid possit	Je sais ce-qui pourrait
responderi :	être répondu :
ingentes assensus	les immenses applaudissements
exsistere hinc,	naître de là.
hæc laudari	ces choses être-louées
præcipue	principalement
in auditoriis ipsis,	dans les salles-de-lecture mêmes.
et ferri mox	et être-célébrées bientôt
sermonibus omnium....	par les conversations de tous....
Tolle igitur	Enlevez donc
excusationem	l'excuse
quietis et securitatis,	de tranquillité et de sécurité,
cum sumas tibi	puisque vous prenez pour-vous
adversarium superiorem.	un adversaire plus-fort *que vous.*
Sit satis nobis	Qu'il soit assez à nous (qu'il suffise)
tueri controversias	*de* soutenir des débats
privatas	privés
et nostri sæculi,	et de notre époque,
in quibus	dans lesquels
expressis	étant exprimés
si quando sit necesse	si quelquefois il est nécessaire
offendere aures	d'offenser les oreilles
potentium	des puissants
pro amico periclitante,	pour un ami en-péril,
et fides	et la fidélité
sit probata,	serait approuvée,
et libertas	et la liberté
excusata. » [quæ,	*serait* excusée. »
XI. Cum Aper dixisset	XI. Lorsque Aper eût dit ces-choses.
acrius,	assez-énergiquement,
ut solebat,	comme il avait-coutume,
et ore intento,	et d'une voix tendue (élevée).
Maternus,	Maternus,
remissus et subridens :	calme et souriant :
« Mitigavit	« *Aper* a adouci
quadam arte,	avec un-certain art,
inquit,	dit-il,
me parantem	moi me-préparant
accusare oratores	à accuser les orateurs

quam Aper laudaverat (fore enim arbitrabar ut a lau-
datione eorum digressus detrectaret poetas atque carminum studium prosterneret) arte quadam mitigavit,
concedendo iis, qui causas agere non possent, ut versus
facerent. Ego autem sicut in causis agendis efficere
aliquid et eniti fortasse possum, ita recitatione tragœ-
diarum et ingredi famam auspicatus sum, cum quidem
in Nerone improbam et studiorum quoque sacra pro-
fanantem Vatinii potentiam fregi, et hodie si quid
nobis notitiæ ac nominis est, magis arbitror carminum
quam orationum gloria partum. Ac jam me dejungere
a forensi labore constitui, nec comitatus istos et egressus aut frequentiam salutantium concupisco, non

bien que de leur éloge il arriverait à la satire des poètes, et qu'il
mettrait l'art des vers sous ses pieds. Il a toutefois adouci son
arrêt avec quelque adresse, en permettant à ceux qui ne peuvent
défendre des causes de cultiver la poésie. Pour moi, si je puis
faire dans la carrière du barreau quelques tentatives heureuses,
ce sont néanmoins des lectures de tragédies qui m'ont ouvert le
chemin de la renommée. Ma réputation commença le jour où,
dans mon *Néron*, je fis justice d'une puissance abhorrée et qui
osait profaner aussi le culte sacré des Muses. Aujourd'hui encore,
si mon nom a quelque célébrité, c'est à mes vers plutôt qu'à mes
discours que je crois le devoir. J'ai résolu de rompre avec les
travaux du Forum; cette foule de clients, ces cortèges, ces
concours de visites, n'excitent point mon envie, pas plus que ces

non minus diu	non moins longtemps (longuement)
quam Aper laudaverat	qu'Aper les avait-loués
(arbitrabar enim	(je pensais en-effet
fore ut	devoir-être que
digressus	s'étant-éloigné
a laudatione eorum	de la louange d'eux
detrectaret poetas	il dénigrerait les poètes
atque prosterneret	et mettrait-sous-ses-pieds
studium carminum),	l'art des vers),
concedendo iis	en accordant à ceux
qui non possent	qui ne pourraient pas
agere causas,	plaider des causes,
ut facerent versus.	qu'ils fissent des vers.
Autem ego,	Mais moi,
sicut possum fortasse	de même que je peux peut-être
efficere aliquid	produire quelque-chose
et eniti	et faire-des-efforts
in causis agendis,	dans les causes devant-être-plaidées,
ita et auspicatus sum	de même et j'ai commencé
ingredi famam	d'entrer-dans la réputation
recitatione tragœdiorum,	par la lecture de tragédies,
cum quidem	lorsque à-la-vérité
in Nerone	dans *la tragédie de* Néron
fregi	j'ai brisé
potentiam Vatinii	la puissance de Vatinius
improbam	malhonnête
et profanantem quoque	et profanant même
sacra studiorum,	le culte des études,
et hodie	et aujourd'hui
si quid notitiæ	si quelque-chose de notoriété
ac nominis	et de renom
est nobis,	est à nous,
arbitror	je crois
partum	*cela avoir été* acquis
magis gloria	plus par la gloire
carminum	de *mes* vers
quam orationum.	que *par celle de mes* discours.
Ac constitui jam	Et j'ai décidé déjà
dejungere me	de détacher moi
a labore forensi,	du travail du-forum,
nec concupisco	et je ne désire pas
istos comitatus	ces accompagnements
et egressus	et *ces* sorties
aut frequentiam	ou l'affluence
salutantium,	des visiteurs,

magis quam æra et imagines, quæ etiam me nolente
in domum meam irruperunt. Nam statum hucusque
ac securitatem melius innocentia tueor quam eloquentia, nec vereor ne mihi unquam verba in senatu nisi
pro alterius discrimine facienda sint.

XII. « Nemora vero et luci et secretum ipsum, quod
Aper increpabat, tantam mihi afferunt voluptatem, ut
inter præcipuos carminum fructus numerem, quod non
in strepitu nec sedente ante ostium litigatore nec inter
sordes ac lacrimas reorum componuntur, sed secedit
animus in loca pura atque innocentia fruiturque sedibus
sacris. Hæc eloquentiæ primordia, hæc penetralia; hoc
primum habitu cultuque commoda mortalibus in illa
casta et nullis contacta vitiis pectora influxit : sic ora-

bronzes et ces images qui, même sans que je le voulusse, ont
envahi ma maison. On parle de sécurité! l'innocence protège
mieux l'état d'un citoyen que l'éloquence; et je ne crains pas
d'avoir jamais à implorer le sénat, si ce n'est pour des périls
étrangers.

XII. « L'ombre des bois et la solitude même, si maltraitées
d'Aper, me causent à moi un plaisir si doux, qu'entre toutes les
félicités du poète je compte pour beaucoup de ne pas composer
ses vers au milieu du bruit, ayant un plaideur assis devant sa
porte, et parmi le deuil et les larmes de malheureux accusés.
L'âme se retire au contraire dans des lieux purs et innocents, et
goûte les délices d'un asile sacré. Ce fut là le berceau de l'éloquence, son premier sanctuaire. C'est sous la forme de la poésie,
avec la parure des vers, qu'agréable aux mortels, elle s'insinua

non magis quam	non plus que
æra et imagines,	les bronzes et les images,
quæ irruperunt	qui ont-fait-irruption
in meam domum	dans ma demeure
etiam me nolente.	même moi ne *le* voulant pas.
Nam hucusque	Car jusqu'ici
tueor statum	je protège *ma* situation
ac securitatem	et *ma* sécurité
innocentia	par *mon* innocence
melius quam	mieux que
eloquentia,	par *mon* éloquence,
nec vereor	et je ne crains pas
ne unquam	que jamais
verba	des paroles
sint facienda	soient devant-être prononcées
mihi	à moi
in senatu	dans le sénat
nisi pro discrimine	si ce n'est pour le péril
alterius.	d'un-autre.
XII. « Vero nemora	XII. « Mais les bois-sacrés
et luci	et les forêts-sacrées
et secretum ipsum,	et la solitude elle-même,
quod Aper increpabat,	qu'Aper accusait,
afferunt mihi	apportent à moi
tantam voluptatem,	un-si-grand plaisir,
ut numerem	que je compte
inter præcipuos fructus	parmi les principaux fruits
carminum,	des vers,
quod non componuntur	qu'ils ne sont pas composés
in strepitu	dans le vacarme
nec litigatore sedente	ni le plaideur étant-assis
ante ostium,	devant *votre* porte,
nec inter sordes	ni au-milieu des vêtements-de-deuil
ac lacrimas reorum,	et *des* larmes des accusés,
sed animus	mais l'esprit
secedit in loca	se-retire dans des lieux
pura atque innocentia	purs et innocents
fruiturque	et jouit
sedibus sacris.	de demeures sacrées.
Hæc primordia,	Ces débuts,
hæc penetralia	ces sanctuaires
eloquentiæ;	*furent ceux* de l'éloquence;
hoc habitu cultuque,	avec cet aspect et *celle* parure,
commoda mortalibus,	agréable aux mortels,
influxit primum	elle s'insinua tout-d'-abord

cula loquebantur. Nam lucrosæ hujus et sanguinantis
eloquentiæ usus recens et malis moribus natus, atque,
ut tu dicebas, Aper, in locum teli repertus. Ceterum
felix illud et, ut more nostro loquar, aureum sæculum,
et oratorum et criminum inops poetis et vatibus abun-
dabat, qui bene facta canerent, non qui male admissa
defenderent. Nec ullis aut gloria major aut augustior
honor, primum apud deos, quorum proferre responsa
et interesse epulis ferebantur, deinde apud illos diis
genitos sacrosque reges, inter quos neminem causidi-
corum, sed Orphea et Linum ac, si introspicere altius
velis, ipsum Apollinem accepimus. Vel si hæc fabulosa

dans ces cœurs chastes, encore fermés à la contagion du vice;
enfin, c'est en vers que s'exprimaient les oracles. Je ne parle
point de l'avide et sanglante éloquence de nos jours; l'usage en
est récent, elle est née de nos désordres, et, comme vous le
disiez, Aper, on l'a inventée pour s'en faire une arme. L'âge
heureux dont je parle, et, pour employer notre langage, le siècle
d'or, était pauvre d'orateurs et d'accusations, riche de poètes et
d'hommes inspirés qui chantaient les bonnes actions, au lieu de
justifier les mauvaises. Aussi furent-ils les plus glorieux des
mortels et les plus honorés, d'abord auprès des dieux, dont on
croyait qu'ils prononçaient les oracles et partageaient les festins;
ensuite auprès de ces enfants des dieux, de ces monarques sacrés,
dans la compagnie desquels vous ne verrez aucun avocat, mais
Orphée et Linus, et, si vous voulez remonter plus haut, Apollon

in illa pectora	dans ces cœurs
casta	purs
et contacta	et atteints
nullis vitiis :	par nuls vices :
sic oracula loquebantur.	ainsi les oracles parlaient.
Nam usus	Car l'usage
hujus eloquentiæ	de cette éloquence
lucrosæ	lucrative
et sanguinantis	et sanglante
recens	*est* récent
et natus malis moribus,	et né des mauvaises mœurs,
atque,	et,
ut tu dicebas, Aper,	comme vous *le* disiez, Aper,
repertus	inventé
in locum teli.	en place de trait (pour servir de trait).
Ceterum	D'ailleurs
illud sæculum	cet âge
felix	heureux
et, ut loquar	et, pour que je parle
nostro more,	suivant notre coutume,
aureum,	d'or,
inops et oratorum	pauvre et d'orateurs
et criminum,	et d'accusations,
abundabat	abondait
poetis et vatibus,	en poètes et en hommes-inspirés,
qui canerent	qui devaient-chanter
facta bene,	les choses-faites bien,
non qui defenderent	non qui devaient-défendre
admissa male.	les choses-commises méchamment.
Nec ullis	Ni à aucuns
aut gloria major	ou une gloire plus grande
aut honor augustior,	ou un honneur plus auguste *ne fut,*
primum apud deos,	d'abord chez les dieux,
quorum ferebantur	dont ils étaient-dits
proferre responsa	prononcer les réponses
et interesse epulis,	et prendre-part aux festins,
deinde	ensuite
apud illos genitos diis	chez ces *héros* nés des dieux
regesque sacros,	et *chez* ces rois sacrés,
inter quos accepimus	parmi lesquels nous avons entendu-dire
neminem causidicorum,	*être* aucun des avocats,
sed Orphea et Linum,	mais Orphée et Linus,
ac, si velis	et, si vous vouliez
introspicere altius,	examiner plus haut,
Apollinem ipsum.	Apollon lui-même.

nimis et composita videntur, illud certe mihi concedes,
Aper, non minorem honorem Homero quam Demostheni apud posteros, nec angustioribus terminis famam Euripidis aut Sophoclis quam Lysiæ aut Hype-
ridis includi. Plures hodie reperies, qui Ciceronis
gloriam quam qui Vergilii detrectent : nec ullus Asinii
aut Messallæ liber tam illustris est quam Medea Ovidii
aut Varii Thyestes.

XIII. « Ac ne fortunam quidem vatum et illud felix
contubernium comparare timuerim cum inquieta et
anxia oratorum vita. Licet illos certamina et pericula
sua ad consulatus evexerint, malo securum et quietum
Vergilii secessum, in quo tamen neque' apud divum
Augustum gratiá caruit neque apud populum Roma-

lui-même : ou, si ces traditions vous paraissent tenir trop de l'invention ou de la fable, vous m'accorderez du moins, Aper, que le
nom d'Homère n'est pas en moindre vénération à la postérité que
celui de Démosthène, et que la réputation d'Euripide et de So-
phocle n'est pas renfermée dans des bornes plus étroites que
celle de Lysias ou d'Hypéride. Vous trouverez aujourd'hui plus de
détracteurs de Cicéron que de Virgile, et pas un livre d'Asinius ou
de Messalla n'est aussi célèbre que la *Médée* d'Ovide ou le *Thyeste*
de Varius.

XIII. « La fortune même des poëtes et le bonheur d'habiter avec
les Muses me semblent préférables à la vie inquiète et agitée des
orateurs. Vous compterez en vain les consulats où les auront
élevés leurs luttes et leurs périls; j'aime mieux la solitaire et
paisible retraite de Virgile, retraite où venaient pourtant le chercher la faveur d'Auguste et les regards du peuple romain : témoin

Vel si hæc videntur	Ou si ces-choses paraissent
nimis fabulosa	trop fabuleuses
et composita,	et inventées,
mihi concedes certe illud,	vous m'accorderez certainement cela,
Aper,	Aper,
honorem non minorem	à *savoir* une gloire non moindre
Homero quam Demostheni	*être* à Homère qu'à Démosthène
apud posteros,	chez les descendants (la postérité),
nec famam Euripidis	ni la renommée d'Euripide
aut Sophoclis	ou de Sophocle
includi	être enfermée
terminis angustioribus	dans des limites plus-étroites
quam Lysiæ	que *celle* de Lysias
aut Hyperidis.	ou d'Hypéride.
Reperies hodie	Vous trouverez aujourd'hui
plures	plus de gens
qui detrectent	qui déprécieraient
gloriam Ciceronis	la gloire de Cicéron
quam qui	que de gens qui *déprécieraient*
Vergilii :	*la gloire de* Virgile :
nec ullus liber	ni quelque (et aucun) livre
Asinii aut Messallæ	d'Asinius ou de Messalla
est tam illustris	*n*'est aussi célèbre
quam Medea Ovidii	que la Médée d'Ovide
aut Thyestes Varii.	ou le Thyeste de Varius.
XIII. « Ac	XIII. « Et
ne timuerim quidem	je ne craindrais même pas
comparare	*de* comparer
fortunam vatum	la fortune des poètes
et illud felix	et cette heureuse
contubernium	cohabitation *avec les Muses*
cum vita	avec la vie
inquieta et anxia	inquiète et tourmentée
oratorum.	des orateurs.
Licet sua certamina	Quoique leurs luttes
et pericula	et *leurs* périls
evexerint illos	aient-conduit eux
ad consulatus,	aux consulats,
malo	je préfère
secessum Vergilii	la retraite de Virgile
securum et quietum,	sûre et paisible,
in quo tamen	dans laquelle pourtant
neque caruit gratia	ni il ne manqua de faveur
apud divum Augustum,	près du divin Auguste,
neque notitia	ni de célébrité

num notitia. Testes Augusti epistulæ, testis ipse
populus, qui auditis in theatro Vergilii versibus sur-
rexit universus et forte præsentem spectantemque vene-
ratus est sic quasi Augustum. Ne nostris quidem temporibus Secundus Pomponius Afro Domitio vel
dignitate vitæ vel perpetuitate famæ cesserit. Nam
Crispus iste et Marcellus, ad quorum exempla me vo-
cas, quid habent in hac sua fortuna concupiscendum?
quod timent, an quod timentur? quod, cum cotidie
aliquid rogentur, vel ii quibus præstant indignantur?
quod alligati omni adulatione nec imperantibus unquam satis servi videntur nec nobis satis liberi? Quæ
hæc summa eorum potentia est? tantum posse liberti

les lettres du prince; témoin le peuple lui-même, qui, entendant
réciter sur le théâtre des vers de Virgile, se leva tout entier et
rendit au poète, qui se trouvait en ce moment parmi les spec-
tateurs, les mêmes respects qu'au maître de l'empire. Et de nos
jours, on ne peut dire que Pomponius Secundus le cède à
Domitius Afer, ni pour la dignité qui entoura sa vie, ni pour
l'éclat dont brille encore sa mémoire. Quant à Crispus et à Marcellus, que vous me proposez pour exemples, qu'a donc leur
fortune de si désirable? Est-ce de craindre ou d'être craints? Est-
ce de se voir chaque jour entourés de solliciteurs qui les mau-
dissent en recevant leurs bienfaits? Est-ce de ce que, enchaînés
par l'adulation, ils ne paraissent jamais, au pouvoir assez esclaves,
à nous assez libres? Quelle est cette haute influence qu'on redoute

apud populum Romanum.	près du peuple romain.
Testes	Témoins
epistulæ Augusti,	les lettres d'Auguste,
testis populus ipse,	témoin le peuple lui-même,
qui,	qui,
versibus Vergilii	les vers de Virgile
auditis in theatro,	ayant-été-entendus dans le théâtre,
surrexit universus,	se leva tout-entier,
et veneratus est	et honora
sic quasi Augustum	de même qu'Auguste
præsentem forte	*Virgile* présent par-hasard
spectantemque.	et regardant.
Ne quidem	Pas même
nostris temporibus	de nos jours
Secundus Pomponius	Secundus Pomponius
cesserit	*ne le* céderait
Afro Domitio	à Afer Domitius
vel dignitate vitæ,	soit pour la dignité de *sa* vie,
vel perpetuitate famæ.	soit pour la persistance de *sa* gloire.
Nam iste Crispus	Car ce Crispus
et Marcellus	et Marcellus
ad exempla quorum	aux exemples desquels
vocas me,	vous invitez moi,
quid habent	qu'ont-ils
concupiscendum	devant-être désiré
in hac sua fortuna?	dans cette leur fortune?
Quod timent	Parce qu'ils craignent
an quod timentur?	ou parce qu'ils sont craints?
quod,	parce que,
cum cotidie	comme chaque-jour
rogentur aliquid,	ils sont-sollicités en-quelque-chose,
vel ii	même ceux
quibus præstant	pour-lesquels ils cautionnent
indignantur?	s'indignent *contre eux?*
quod alligati	parce-que attachés
omni adulatione	par toute adulation
nec unquam	ni quelquefois (et jamais)
videntur	ils paraissent
imperantibus	à ceux-qui commandent
satis servi,	assez esclaves,
nec nobis	ni à nous
satis liberi?	assez libres?
Quæ est	Quelle est
hæc summa potentia	cette suprême puissance
eorum?	d'eux?

solent. Me vero dulces, ut Vergilius ait, Musæ,
remotum a sollicitudinibus et curis et necessitate cotidie aliquid contra animum faciendi, in illa sacra
illosque fontes ferant; nec insanum ultra et lubricum
forum famamque pallentem trepidus experiar. Non me
fremitus salutantium nec anhelans libertus excitet, nec
incertus futuri testamentum pro pignore scribam, nec
plus habeam quam quod possim cui velim relinquere
(quandoque enim fatalis et meus dies veniet), sta-
tuarque tumulo non mæstus et atrox, sed hilaris et
coronatus, et pro memoria mei nec consulat quisquam
nec roget. »

XIV. Vixdum finierat Maternus, concitatus et velut

en eux? Des affranchis ont la même puissance. Pour moi, mon
vœu le plus cher est que les Muses, ces Muses si douces, comme
disait Virgile, m'enlevant aux inquiétudes, aux soucis, à la nécessité de faire tous les jours quelque chose contre mon gré, me
portent dans leurs vallons sacrés, au bord de leurs fontaines. Là
je n'essuierai plus, pâle et tremblant adorateur de la renommée,
les clameurs insensées d'un Forum orageux; là une foule impa-
tiente de saluer mon réveil ou un affranchi hors d'haleine ne
viendront plus m'arracher au repos; je ne chercherai pas, dans
un testament servile, une assurance contre l'avenir; je ne pos-
séderai point de si grands biens que je ne puisse les laisser à
qui je voudrai, quand la nature amènera pour moi l'heure
suprême; et alors, si mon image est placée sur ma tombe, mon
front ne sera point triste et mécontent, mais riant et couronné
de fleurs; et personne après moi ne demandera pour ma mémoire
ni justice ni grâce. »

XIV. A peine Maternus avait achevé ces mots, avec l'accent de

Liberti solent	Des affranchis ont-coutume
posse tantum.	de pouvoir autant.
Vero	Mais
dulces Musæ,	*que* les douces Muses,
ut Vergilius ait,	comme Virgile dit,
ferant me	portent moi
remotum	éloigné
a sollicitudinibus	des inquiétudes
et curis	et des soucis
et necessitate	et de la nécessité
faciendi cotidie	de faire chaque-jour
aliquid contra animum	quelque-chose contre *mon* sentiment
in illa sacra	dans ces lieux-sacrés
illosque fontes ;	et *près de* ces fontaines ;
nec experiar ultra	et je n'éprouverai pas davantage
trepidus	tremblant
forum insanum	le forum insensé
et lubricum,	et périlleux,
famamque pallentem.	et la renommée qui-fait-pâlir.
Fremitus salutantium	*Que* le bruit des visiteurs
nec libertus anhelans	ni *qu'*un affranchi hors-d'haleine
non excitet me,	ne réveille pas moi,
nec scribam	et que je n'écrive pas
testamentum pro pignore,	*mon* testament pour sauvegarde,
incertus futuri,	incertain de l'avenir,
nec habeam plus	et que je ne possède pas plus
quam quod possim	que ce que je pourrais
relinquere cui velim	laisser à qui je voudrais
(quandoque enim	(un-jour en effet
dies fatalis	le jour fatal
et meus	et mien [désigné pour moi]
veniet),	viendra) ;
statuarque	et que je sois placé *en statue*
tumulo	sur mon tombeau
non mæstus	non-pas triste
et atrox,	et effrayant,
sed hilaris	mais riant
et coronatus,	et couronné *de fleurs,*
nec quisquam consulat	ni que quelqu'un consulte *le Sénat*
nec roget	ni ne sollicite *le prince*
pro memoria	pour la mémoire
mei. »	de moi. »
XIV. Vixdum Maternus	XIV. A peine Maternus
finierat,	avait fini,
concitatus	excité

instinctus, cum Vipstanus Messalla cubiculum ejus
ingressus est, suspicatusque ex ipsa intentione singulorum altiorem inter eos esse sermonem : « Num parum tempestivus, inquit, interveni secretum consilium
et causæ alicujus meditationem tractantibus?

— Minime, minime, inquit Secundus, atque adeo
vellem maturius intervenisses ; delectasset enim te et
Apri nostri accuratissimus sermo, cum Maternum ut
omne ingenium ac studium suum ad causas agendas
converteret exhortatus est, et Materni pro carminibus
suis læta, utque poetas defendi decebat, audentior et
poetarum quam oratorum similior oratio.

— Me vero, inquit, et sermo iste infinita voluptate
affecisset, atque id ipsum delectat, quod vos, viri

---

l'enthousiasme et de l'inspiration, que Vipstanus Messalla entra
dans sa chambre. A l'attention peinte sur les visages, il soupçonna
qu'on s'entretenait de matières sérieuses. « Ne serais-je pas, dit-
il, venu mal à propos interrompre une conférence secrète, où
vous concertez peut-être le plan de quelque défense?

— Non, non, dit Secundus ; je voudrais même que vous fussiez
venu plus tôt. Vous auriez eu du plaisir à entendre Aper, dans
une allocution parfaitement belle, exhorter Maternus à tourner
uniquement vers la plaidoirie son talent et ses études, et Maternus défendre son art de prédilection, comme les vers doivent
être défendus, avec un éclat et une hardiesse de langage qui le
rapprochaient du poète plus que l'orateur.

— Assurément, dit Messalla, j'aurais pris un plaisir infini à ces
discours, et ce qui ne m'en fait pas moins, c'est de voir des

et velut instinctus,
cum Vipstanus Messalla
ingressus est
cubiculum ejus,
suspicatusque
ex intentione ipsa
singulorum
sermonem altiorem
esse inter eos :
« Num, inquit,
parum tempestivus
interveni tractantibus
consilium secretum
et meditationem
alicujus causæ?
    — Minime, minime,
inquit Secundus,
atque adeo vellem
intervenisses maturius;
enim
et sermo accuratissimus
nostri Apri
delectasset te,
cum exhortatus est
Maternum
ut converteret
omne suum ingenium
ac studium
ad causas agendas,
et oratio Materni
pro suis carminibus
læta,
utque decebat
poetas defendi,
audentior
et similior
orationi poetarum
quam oratorum.
    — Vero, inquit,
et iste sermo
me affecisset
voluptate infinita,
atque id ipsum delectat,
quod vos,
optimi viri

et comme inspiré,
quand Vipstanus Messalla
entra
dans la chambre de lui,
et ayant soupçonné
d'après l'attention même
de–tous-séparément
un entretien assez-élevé
être entre eux :
« Est ce-que, dit-il,
étant peu opportun
j'ai interrompu *vous* vous-occupant
*d'*un conseil secret
et *de* la préparation
de quelque cause?
    — Nullement, nullement,
dit Secundus,
et même je voudrais
que vous fussiez-survenu plus tôt;
en effet
et l'allocution très soignée
de notre *cher* Aper
eût charmé vous,
quand il exhorta
Maternus
pour-qu'il tournât
tout son talent
et *son* application
à des causes devant-être plaidées,
et le discours de Maternus
en-faveur-de ses vers
éclatant,
et-comme il convenait
les poètes être-défendus,
assez-hardi
et plus semblable
au langage des poètes
qu'à *celui* des orateurs.
    — Mais, dit *Messalla*,
et cet entretien
m'aurait comblé
d'un plaisir immense,
et cela même *me* charme,
que vous,
les meilleurs citoyens

optimi et temporum nostrorum oratores, non forensibus tantum negotiis et declamatorio studio ingenia
vestra exercetis, sed ejus modi etiam disputationes
assumitis, quæ et ingenium alunt et eruditionis ac litterarum jucundissimum oblectamentum cum vobis,
qui ista disputatis, afferunt, tum etiam iis, ad quorum
aures pervenerint. Itaque hercle non minus probari
video in te, Secunde, quod Julii Africani vitam com-
ponendo spem hominibus fecisti plurium ejus modi
librorum, quam in Apro, quod nondum ab scholasticis controversiis recessit et otium suum mavult
novorum rhetorum more quam veterum oratorum con-
sumere. »

XV. Tum Aper : « Non desinis, Messalla, vetera
tantum et antiqua mirari, nostrorum autem temporum

---

hommes tels que vous, l'élite des citoyens et les orateurs de notre
époque, non contents de déployer leur génie dans les débats judiciaires et les exercices du cabinet, y joindre encore ces discussions qui nourrissent l'esprit et offrent un savant et agréable
délassement aux témoins comme aux acteurs de ces disputes
érudites. Aussi est-il vrai de dire, Secundus, que votre *Vie de
Julius Asiaticus*, en faisant espérer de vous d'autres ouvrages
du même genre, ne vous attire pas moins d'approbation que n'en
reçoit Aper pour n'avoir pas renoncé jusqu'ici aux controverses
de l'école, et pour avoir mieux aimé employer ses loisirs à la
manière des rhéteurs modernes qu'à celle des anciens orateurs.

XV. — Vous ne cessez, Messalla, dit alors Aper, d'admirer
exclusivement le vieux temps, et vous n'avez pour les études de

et oratores	et *les* orateurs
nostrorum temporum,	de nos jours,
non exercetis	vous n'exercez pas
vestra ingenia	vos génies
tantum	seulement
negotiis forensibus	aux occupations du-forum
et studio declamatorio,	et à l'étude de-la-déclamation,
sed assumitis etiam	mais vous *y* ajoutez encore
disputationes ejus modi,	des discussions de ce genre,
quæ	qui
et alunt ingenium,	et nourrissent l'esprit,
et afferunt	et apportent
oblectamentum	le charme
jucundissimum	très-agréable
eruditionis ac litterarum	de l'érudition et des lettres
cum vobis,	d'une-part à vous,
qui disputatis ista,	qui discutez ces-choses,
tum etiam iis	d'autre-part aussi à ceux
ad aures quorum	aux oreilles desquels
pervenerint.	elles peuvent-parvenir.
Itaque hercle	Aussi, par Hercule!
video probari	je vois être approuvé (qu'on approuve)
non minus in te.	non moins chez vous,
Secunde,	Secundus.
quod	ce fait que
componendo vitam	en composant la vie
Julii Africani	de Julius Africanus
fecisti spem	vous avez fait *naître* l'espoir
hominibus	pour les gens
plurium librorum	de plusieurs livres
ejus modi,	de ce genre,
quam in Apro	que chez Aper
quod recessit nondum	ce-fait-qu'il ne s'est pas encore détaché
ab controversiis	des controverses
scholasticis	de l'école
et mavult	et qu'il aime-mieux
consumere suum otium	employer son loisir (ses loisirs)
more novorum rhetorum	à-la-façon des nouveaux rhéteurs
quam veterum oratorum. »	qu'à *celle* des anciens orateurs. »
XV. Tum Aper :	XV. Alors Aper :
« Non desinis,	« Ne cessez- (cesserez) vous pas,
Messalla,	Messalla,
mirari tantum	d'admirer seulement
vetera et antiqua,	les choses vieilles et antiques,
autem irridere	et-d'autre-part de railler

studia irridere atque contemnere? Nam hunc tuum sermonem sæpe excepi, cum oblitus et tuæ et fratris tui
eloquentiæ neminem hoc tempore oratorem esse con-
tenderes atque id eo, credo, audacius, quod maligni-
tatis opinionem non verebaris, cum eam gloriam,
quam tibi alii concedunt, ipse tibi denegares.

— Neque illius, inquit, sermonis mei pænitentiam
ago, neque aut Secundum aut Maternum aut te ipsum,
Aper, quamquam interdum in contrarium disputes,
aliter sentire credo. Ac velim impetratum ab aliquo
vestrum ut causas hujus infinitæ differentiæ scrutetur
ac reddat, quas mecum ipse plerumque inquiro. Et
quod quibusdam solatio est, mihi auget quæstionem,
quia video etiam Grais accidisse ut longius absit ab

notre siècle que des railleries et des mépris. Combien de fois vous
ai-je entendu, oubliant votre éloquence et celle de votre frère,
prétendre qu'il n'existe pas maintenant un seul orateur! et vous
le souteniez, j'imagine, avec d'autant plus d'assurance, qu'en vous
refusant à vous-même une gloire que tout le monde vous accorde,
vous n'aviez plus à craindre le reproche de malignité.

— Je ne me repens nullement, répondit Messalla, d'avoir tenu
ce langage; et je suis persuadé que ni Secundus, ni Maternus,
ni vous-même, Aper, quoique vous défendiez quelquefois l'avis
contraire, ne pensez autrement. Je voudrais même que l'un de
vous prît la peine d'approfondir et d'expliquer les causes de cette
extrême différence. Je les cherche souvent dans mon esprit, et
une circonstance où plusieurs trouvent un sujet de consolation
augmente pour moi la difficulté, c'est que la même chose est
arrivée chez les Grecs. Certes un Sacerdos Nicétès, et les autres

atque contemnere [rum?	et de mépriser
studia nostrorum tempo-	les études de nos jours?
Nam sæpe excepi	Car souvent j'ai recueilli
hunc tuum sermonem,	ce vôtre entretien
cum,	quand,
oblitus et tuæ eloquentiæ	oublieux et de votre éloquence
et tui fratris,	et *de celle* de votre frère,
contenderes	vous prétendiez
neminem	personne
esse oratorem	être orateur
hoc tempore,	à cette époque-ci,
atque id	et cela (vous le prétendiez)
eo audacius,	avec d'autant plus d'audace,
credo,	je crois,
quod non verebaris	que vous ne craigniez pas
opinionem malignitatis,	la réputation de malignité,
cum ipse	puisque vous-même
tibi denegares	vous vous refusiez
eam gloriam	cette gloire
quam alii	que les autres
concedunt tibi. [tiam	accordent à vous.
— Neque ago pæniten-	— Et je ne me-repens pas
illius mei sermonis,	de ce mien langage,
inquit,	dit *Messalla,*
neque credo	et je ne crois pas
aut Secundum,	ou Secundus.
aut Maternum,	ou Maternus,
aut te ipsum, Aper,	ou vous-même, Aper,
quamquam interdum	quoique parfois
disputes in contrarium,	vous discutiez en sens-contraire,
sentire aliter.	penser autrement.
Ac velim	Et je voudrais
impetratum	obtenu (avoir obtenu)
ab aliquo vestrum	de quelqu'un de vous
ut scrutetur	qu'il approfondisse (approfondît)
ac reddat	et qu'il explique (expliquât)
causas	les causes
hujus infinitæ differentiæ,	de cette immense différence,
quas ipse	*causes* que moi-même
inquiro mecum plerumque.	je recherche en-moi-même souvent.
Et quod est quibusdam	Et ce qui est pour-certains
solatio,	à consolation,
auget mihi quæstionem,	agrandit pour-moi la question
quia video	parce que je vois
etiam Grais	même pour les Grecs

Æschine et Demosthene Sacerdos ille Nicetes, et si quis alius Ephesum vel Mytilenas concentu scholasticorum et clamoribus quatit, quam Afer aut Africanus aut vos ipsi a Cicerone aut Asinio recessistis.

XVI. — Magnam, inquit Secundus, et dignam tractatu quæstionem movisti. Sed quis eam justius explicabit quam tu, ad cujus summam eruditionem et præstantissimum ingenium cura quoque et meditatio accessit? »

Et Messalla : « Aperiam, inquit, cogitationes meas, si illud a vobis ante impetravero, ut vos quoque sermonem hunc nostrum adjuvetis.

— Pro duobus, inquit Maternus, promitto : nam et ego et Secundus exsequemur eas partes, quas intel-

rhéteurs qui ébranlent de leurs déclamations convulsives les écoles d'Éphèse ou de Mytilène, sont à une plus grande distance d'Eschine et de Démosthène, qu'Afer, Africanus et vous-mêmes n'êtes loin de Cicéron ou d'Asinius.

XVI. — Vous venez, dit Secundus, d'élever une grande et importante question. Mais qui pourrait la traiter mieux que vous, dont la science profonde et le beau génie sont encore fécondés par l'étude et la méditation du sujet?

— Je vous exposerai mes pensées, dit Messalla, pourvu que vous me permettiez auparavant de les appuyer des vôtres.

— Je promets pour deux, répondit Maternus; nous développerons, Secundus et moi, les points, je ne dis pas que vous

accidisse	être arrivé
ut ille Sacerdos Nicetes	que ce Sacerdos Nicetes
et si quis alius	et si quelque autre
quatit Ephesum	ébranle Éphèse
vel Mytilenas	ou Mytilène
concentu	des acclamations
et clamoribus	et des clameurs
scholasticorum,	des gens-de-l'école,
absit longius	*qu'*il est-éloigné plus-loin
ab Æschine	d'Eschine
et Demosthene	et *de* Démosthène
quam Afer	qu'Afer
aut Africanus	ou Africanus
aut vos ipsi	ou vous-mêmes
recessistis	vous vous êtes écartés
a Cicerone	de Cicéron
aut Asinio.	ou d'Asinius.
XVI. — Movisti,	XVI. — Vous avez-soulevé,
inquit Secundus,	dit Secundus,
quæstionem magnam	une question importante
et dignam tractatu.	et digne de discussion.
Sed quis	Mais qui
explicabit eam	développera elle
justius quam tu,	avec-plus-d'équité que vous,
ad eruditionem summam	à l'érudition très grande
et ingenium	et *au* génie
præstantissimum	éminent
cujus	de qui
cura quoque	l'étude même
et meditatio	et la méditation
accessit? »	s'est ajoutée? »
Et Messalla :	Et Messalla :
« Aperiam, inquit,	« J'exposerai, dit-il,
meas cogitationes,	mes pensées,
si impetravero	si j'aurai-obtenu (j'obtiens)
ante	auparavant
illud a vobis,	cela de vous,
ut vos quoque	que vous aussi
adjuvetis	vous aidiez
hunc nostrum sermonem	ce nôtre discours.
— Promitto	— Je *le* promets
pro duobus,	pour deux,
inquit Maternus,	dit Maternus,
nam et ego	car et moi
et Secundus	et Secundus

lexerimus te non tam omisisse quam nobis reliquisse.
Aprum enim solere dissentire et tu paulo ante dixisti
et ipse satis manifestus est jam dudum in contrarium
accingi nec æquo animo perferre hanc nostram pro
antiquorum laude concordiam.

— Non enim, inquit Aper, inauditum et indefensum
sæculum nostrum patiar hac vestra conspiratione dam-
nari : sed hoc primum interrogabo, quos vocetis antiquos, quam oratorum ætatem significatione ista deter-
minetis. Ego enim cum audio antiquos, quosdam
veteres et olim natos intellego, ac mihi versantur ante
oculos Ulixes ac Nestor, quorum. ætas mille fere et

aurez omis, mais qu'il vous aura plu de nous abandonner. Pour
Aper, il est ordinairement d'une autre opinion ; vous le disiez
tout à l'heure, et lui-même laisse assez deviner qu'il se dispose
depuis longtemps à nous combattre, et que ce n'est pas sans
dépit qu'il nous voit d'intelligence pour la gloire des anciens.

— Non certainement, dit Aper, je ne souffrirai pas que notre
siècle, sans être ouï ni défendu, succombe sous cette conspi-
ration de ses juges. Mais je vous demanderai d'abord qui vous
appelez anciens, et à quelle génération d'orateurs vous limitez
ce titre. A ce nom d'anciens, je me figure aussitôt des hommes
antiques et nés longtemps avant nous ; mon imagination me
représente Ulysse et Nestor, dont l'âge a précédé le nôtre d'en-

exsequemur eas partes	nous développerons ces points
quas intellexerimus	que nous aurons-compris
te non tam omisisse	vous non-pas tant avoir omis
quam reliquisse nobis.	qu'avoir laissés à nous.
Enim	En effet
et tu dixisti	et vous avez-dit
paulo ante	peu auparavant
Aprum solere	Aper avoir-coutume
dissentire,	de penser-autrement,
et ipse	et lui-même
est satis manifestus	est assez évident
jam dudum	déjà depuis longtemps
accingi	être-préparé
in contrarium,	en sens-contraire,
nec perferre	et ne pas souffrir
animo æquo	d'une âme égale
hanc nostram concordiam	ce nôtre accord
pro laude antiquorum.	pour la louange des anciens.
— Non patiar enim,	— Je ne souffrirai pas, en effet,
inquit Aper,	dit Aper,
nostrum sæculum	notre siècle
damnari	être condamné
hac vestra conspiratione	par cette vôtre conspiration
inauditum	non-entendu
et indefensum :	et non-défendu ;
sed interrogabo	mais je *vous* interrogerai
primum	tout d'abord
hoc,	sur cette chose.
quos	lesquels
vocetis antiquos,	appelez-vous anciens,
quam ætatem	quelle époque
oratorum	d'orateurs
determinetis	délimitez-vous
ista significatione ?	par cette désignation ?
Ego enim,	Moi en effet,
cum audio antiquos,	quand j'entends *parler* d'anciens,
intellego	je comprends
quosdam	certains *hommes*
veteres	antiques
et natos	et nés
olim	il-y-a longtemps,
ac	et
Ulixes et Nestor	Ulysse et Nestor
versantur mihi	se-trouvent à moi
ante oculos,	devant mes yeux,

trecentis annis sæculum nostrum antecedit : vos autem
Demosthenem et Hyperidem profertis, quos satis
constat Philippi et Alexandri temporibus floruisse, ita
tamen ut utrique superstites essent. Ex quo apparet
non multo plures quam quadringentos annos interesse
inter nostram et Demosthenis ætatem. Quod spatium
temporis si ad infirmitatem corporum nostrorum refe-
ras, fortasse longum videatur; si ad naturam sæculo-
rum ac respectum immensi hujus ævi, perquam breve
et in proximo est. Nam si, ut Cicero in Hortensio scri-
bit, is est magnus et verus annus, quo eadem positio

viron treize cents ans. Vous citez, vous, Démosthène et Hypéride, qui fleurirent, comme tout le monde le sait, au temps de
Philippe et d'Alexandre, et qui même survécurent à l'un et à
l'autre; d'où il résulte qu'il n'y a guère que quatre cents ans
d'intervalle entre Démosthène et l'époque où nous sommes. Or
cet espace de temps, par rapport à la faiblesse de nos corps, peut
paraître long; comparé à la durée des siècles et à la vie de
l'univers, c'est un moment, et ce moment est passé d'hier. S'il
est vrai, comme Cicéron l'écrit dans son *Hortensius*, que la grande
et véritable année soit accomplie, lorsqu'une position donnée du

quorum ætas	desquels l'âge
antecedit	précède
nostrum sæculum	notre siècle
fere	d'environ
mille et trecentis annis :	mille et trois-cents ans :
autem vos	or vous
profertis	vous citez
Demosthenem	Démosthène
et Hyperidem,	et Hypéride,
quos	lesquels
satis constat	il est assez évident
floruisse	avoir fleuri
temporibus Philippi	dans les temps de Philippe
et Alexandri,	et d'Alexandre,
ita tamen	de-telle-sorte cependant
ut essent	qu'ils fussent
superstites	survivants
utrique.	à l'un-et-à-l'autre.
Ex quo apparet	De quoi il ressort
annos	des années
non multo plures	non-pas beaucoup plus-nombreuses
quam quadringentos	que quatre-cents
interesse	être-dans-l'intervalle
inter nostram ætatem	entre notre époque
et Demosthenis.	et *celle* de Démosthène.
Quod spatium temporis,	Lequel espace de temps,
si referas	si vous *le* rapportez
ad infirmitatem	à la faiblesse
nostrorum corporum,	de nos corps,
videatur fortasse	pourrait-paraître peut-être
longum ;	long ;
si *referas*	si *vous le rapportez*
ad naturam	à la nature *réelle*
sæculorum	des siècles
et ad respectum	et à la considération
hujus immensi ævi,	de cette immense durée *des temps*.
est	il est
perquam breve	extrêmement court
et in proximo.	et auprès *de nous*.
Nam si,	Car si,
ut Cicero	comme Cicéron
scribit in Hortensio,	écrit dans *son* Hortensius,
is annus	cette année
est magnus et verus	est la grande et la vraie
quo	dans laquelle

cæli siderumque, quæ cum maxime est, rursum exsi-
stet, isque annus horum quos nos vocamus annorum
duodecim milia nongentos quinquaginta quattuor com-
plectitur, incipit Demosthenes vester, quem vos vete-
rem et antiquum fingitis, non solum eodem anno quo
nos, sed etiam eodem mense exstitisse.

XVII. « Sed transeo ad latinos oratores, in quibus
non Menenium, ut puto, Agrippam, qui potest videri
antiquus, nostrorum temporum disertis anteponere so-
letis, sed Ciceronem et Cæsarem et Cælium et Calvum
et Brutum et Asinium et Messallam : quos quid antiquis temporibus potius adscribatis quam nostris, non

ciel et des astres se reproduit absolument la même, et si cette
année en comprend douze mille neuf cent cinquante-quatre des
nôtres, il se trouve que votre Démosthène, si antique et si vieux
selon vous, a commencé d'exister non seulement la même année
que nous, mais presque dans le même mois.

XVII. « Je passe aux orateurs latins, parmi lesquels Menenius
Agrippa peut être regardé comme un ancien. Ce n'est pas lui,
je pense, que vous trouvez préférable aux talents de nos jours. Ce
sont les Cicéron, les César, les Celius, les Calvus, les Brutus, les
Corvinus Messalla; et en vérité je ne vois pas pourquoi ils appar-
tiendraient à l'antiquité plutôt qu'à notre siècle. Pour ne parler

eadem positio	la même position
cæli siderumque,	du ciel et des astres,
quæ est	qui est
cum maxime	à ce moment plus que jamais
exsistet rursum,	existera de nouveau,
isque annus	et *si* cette année
complectitur	embrasse
duodecim milia	douze mille
nongentos	neuf cents
quinquaginta quattuor	cinquante-quatre
horum annorum	de ces années
quos nos vocamus,	que nous appelons *années*,
vester Demosthenes	votre Démosthène,
quem vos fingitis	que vous imaginez
veterem et antiquum,	ancien et antique,
incipit exstitisse	commence à avoir-existé
non solum	non seulement
eodem anno quo nos	la même année que nous,
sed etiam	mais encore
eodem mense.	le même mois.
XVII. « Sed transeo	XVII. « Mais je passe
ad oratores latinos,	aux orateurs latins,
in quibus,	parmi lesquels,
ut puto,	comme je pense,
non soletis	vous n'avez pas coutume
anteponere	de préférer
disertis	aux orateurs-diserts
nostrorum temporum	de nos jours
Menenium Agrippam,	Menenius Agrippa,
qui potest	qui peut
videri antiquus,	être-considéré-comme ancien,
sed Ciceronem	mais *vous préférez* Cicéron
et Cæsarem	et César
et Cælium	et Celius
et Calvum	et Calvus
et Brutum	et Brutus
et Asinium	et Asinius
et Messallam :	et Messalla :
quos	lesquels
non video quid	je ne vois pas pourquoi
adscribatis	vous *les* attribueriez
potius	plutôt
antiquis temporibus	aux temps antiques
quam nostris.	qu'aux nôtres.
Nam,	Car,

video. Nam, ut de Cicerone ipso loquar, Hirtio nempe et
Pansa consulibus, ut Tiro libertus ejus scripsit, septimo
idus Decembres occisus est, quo anno divus Augustus
in locum Pansæ et Hirtii se et Q. Pedium consules
suffecit. Statue sex et quinquaginta annos, quibus
mox divus Augustus rem publicam rexit; adjice Tiberi
tres et viginti, et prope quadriennium Gai, ac bis qua-
ternos denos Claudii et Neronis annos, atque illum
Galbæ et Othonis et Vitellii longum et unum annum,
ac sextam jam felicis hujus principatus stationem, qua
Vespasianus rem publicam fovet : centum et viginti
anni ab interitu Ciceronis in hunc diem colliguntur.

que de Cicéron, il fut tué, comme l'a écrit Tiron son affranchi,
sous les consuls Hirtius et Pansa, le sept des ides de décembre,
l'année où le divin Auguste se substitua lui-même avec Pedius à
la place de nos consuls. Comptez les cinquante-six ans qu'Auguste
gouverna la république à partir de ce moment, ajoutez les vingt-
trois ans de Tibère, les quatre ans à peu près de Caïus, les vingt-
huit de Claude et de Néron, la longue et unique année de Galba,
Othon, Vitellius, enfin l'heureuse période des six années depuis
lesquelles déjà Vespasien travaille à la félicité de l'empire; vous
trouverez, de la mort de Cicéron à nos jours, un espace de

ut loquar	pour que je parle
de Cicerone ipso,	de Cicéron lui-même,
occisus est,	il a été tué,
ut Tiro,	comme Tiron,
libertus ejus,	affranchi de lui,
scripsit,	a écrit,
nempe	exactement⁶
Hirtio et Pansa	Hirtius et Pansa
consulibus,	*étant* consuls,
septimo idus Decembres,	le sept des ides de Décembre,
quo anno	dans laquelle année
divus Augustus	le divin Auguste
suffecit	substitua
se et Q. Pedium	lui-même et Q. Pedius
consules	*comme* consuls
in locum	à la place
Pansæ et Hirtii.	de Pansa et d'Hirtius.
Statue	Mettez
quinquaginta et sex annos	les cinquante et six ans
quibus	pendant lesquels
mox	ensuite
divus Augustus	le divin Auguste
rexit	gouverna
rem publicam;	la république;
adjice	ajoutez
viginti et tres	les vingt et trois ans
Tiberi,	de Tibère,
et prope quadriennium	et presque un-espace-de-quatre-ans
Gai,	de Gaïus,
ac	et
bis quaternos denos	deux fois quatorze *ans*
Claudii et Neronis,	de Claude et de Néron,
atque illum annum	et cette année
longum et unum	longue et unique
Galbæ	de Galba
et Othonis et Vitellii,	et d'Othon et de Vitellius,
ac jam sextam stationem	et déjà la sixième *année de* garde
hujus felicis principatus,	de cet heureux principat,
qua	dans laquelle
Vespasianus	Vespasien
fovet rem publicam :	protège la république :
centum et viginti anni	cent et vingt ans
colliguntur	sont rassemblés
ab interitu Ciceronis	depuis la mort de Cicéron
in hunc diem,	jusqu'à ce jour,

unius hominis ætas. Nam ipse ego in Britannia vidi
senem, qui se fateretur ei pugnæ interfuisse, qua Cæsarem inferentem arma Britanni arcere litoribus et pel-
lere aggressi sunt. Ita si eum, qui armatus C. Cæsari
restitit, vel captivitas vel voluntas vel fatum aliquod in
urbem pertraxisset, æque idem et Cæsarem ipsum et
Ciceronem audire potuit et nostris quoque actionibus
interesse. Proximo quidem congiario ipsi vidistis ple-
rosque senes, qui se a divo quoque Augusto semel
atque iterum accepisse congiarium narrabant. Ex quo
colligi potest et Corvinum ab illis et Asinium audiri

cent vingt ans : c'est la vie d'un seul homme. Car j'ai vu moi-
même en Bretagne un vieillard qui disait avoir été au combat où
ses compatriotes essayèrent de repousser l'invasion de César et de
le chasser de leur île. Or, si la captivité, si sa volonté particulière,
si le hasard enfin eussent amené à Rome ce Breton qui combattit
César, il aurait pu entendre César lui-même et Cicéron, et assister
encore à nos plaidoyers. Au dernier *congiarium*, vous avez vu de
nombreux vieillards qui assuraient avoir une ou deux fois reçu
d'Auguste la même libéralité. Ils avaient donc pu entendre

ætas	la vie
unius hominis.	d'un seul homme.
Nam ego ipse	Car moi-même
vidi in Britannia	j'ai vu en Bretagne
senem	un vieillard
qui fateretur	qui déclarait
se interfuisse	lui-même avoir-pris-part
ei pugnæ	à cette bataille
qua Britanni	dans laquelle les Bretons
aggressi sunt	entreprirent
arcere litoribus	d'écarter de *leurs* rivages
et pellere	et *de* chasser
Cæsarem	César
inferentem arma.	introduisant ses armes *en Bretagne*.
Ita	Ainsi
si	si
vel captivitas	ou la captivité
vel voluntas	ou *sa propre* volonté
vel aliquod fatum	ou quelque destin
pertraxisset	avait entraîné
in urbem	dans la ville (Rome)
eum qui	celui qui
restitit armatus	résista en-armes
C. Cæsari,	à C. César,
idem	ce même *homme*
potuit æque	put (aurait pu) également
audire	entendre
et Cæsarem ipsum	et César lui-même
et Ciceronem,	et Cicéron,
et interesse	et assister
quoque	aussi
nostris actionibus.	à nos plaidoyers.
Proximo congiario	A la dernière distribution-publique
quidem	à la vérité
ipsi vidistis	vous-mêmes avez-vu
plerosque senes	de nombreux vieillards
qui narrabant	qui racontaient
se accepisse	eux avoir reçu
congiarium	le congiarium
semel	une fois
atque iterum	et deux fois
a divo Augusto quoque.	du divin Auguste même.
Ex quo	De quoi
potest colligi	il peut être-conclu
et Corvinum	et Corvinus

potuisse; nam Corvinus in medium usque Augusti principatum, Asinius pæne ad extremum duravit; ne dividatis sæculum, et antiquos ac veteres vocitetis oratores, quos eorundem hominum aures agnoscere ac velut conjungere et copulare potuerunt.

XVIII. « Hæc ideo prædixi, ut si qua ex horum oratorum fama gloriaque laus temporibus acquiritur, eam docerem in medio sitam et propiorem nobis quam Servio Galbæ aut C. Lælio aut C. Carboni quosque alios merito antiquos vocaverimus; sunt enim horridi et

Asinius et Messalla; car Messalla vécut jusqu'au milieu du règne d'Auguste, Asinius presque jusqu'à la fin. Et ne venez pas couper un siècle en deux, et appeler anciens et nouveaux des orateurs que les mêmes hommes ont pu connaître et, en quelque sorte, rapprocher et unir.

XVIII. « J'ai commencé par ces réflexions, afin que, si la réputation et la gloire des orateurs que j'ai nommés fait quelque honneur à leur siècle, il soit reconnu que cet honneur est une propriété commune, où même nous avons plus de part que Serv. Galba, C. Carbon et d'autres que nous pourrions justement appeler anciens. Ceux-là sont hérissés, incultes, rudes et informes;

et Asinium	et Asinius
potuisse	avoir pu
audiri ab illis;	être-entendus par ceux-là;
nam Corvinus	car Corvinus
duravit	continua-de-vivre
usque	jusque [cipat)
in medium principatum	au moyen principat (au milieu du prin-
Augusti,	d'Auguste,
Asinius	Asinius
pæne	presque [principal);
ad extremum;	jusqu'à l'extrême *principat* (la fin du
ne dividatis sæculum	ne coupez pas un siècle
et vocitetis	et *n*'appelez *pas*
antiquos et veteres	antiques et anciens
oratores	des orateurs
quos	que
aures eorumdem hominum	les oreilles des mêmes hommes
potuerunt	purent
agnoscere	connaître
ac velut conjungere	et comme rattacher
et copulare.	et réunir.
XVIII. Prædixi	XVIII. J'ai dit d'abord
hæc	ces choses
ut,	pour que,
si qua laus	si quelque louange
acquiritur	est acquise
temporibus	à *leurs* temps
ex fama gloriaque	par suite de la réputation et de la gloire
horum oratorum,	de ces orateurs,
docerem	je démontrasse
eam	elle (cette louange)
sitam in medio	être placée au milieu (être commune)
et propiorem	et plus proche
nobis	de nous
quam Servio Galbæ	que de Servius Galba
aut C. Lælio	ou de C. Lelius
aut C. Carboni	ou de C. Carbon
illisque	*et de ceux-là*
quos alios	lesquels autres
vocaverimus	nous pourrions appeler
merito	à bon droit
antiquos;	anciens;
sunt enim	ils sont en effet
horridi	hérissés
et impoliti	et incultes

impoliti et rudes et informes et quos utinam nulla
parte imitatus esset Calvus vester aut Cælius aut ipse
Cicero. Agere enim fortius jam et audentius volo, si
illud ante prædixero, mutari cum temporibus formas
quoque et genera dicendi. Sic Catoni seni comparatus
C. Gracchus plenior et uberior, sic Gracchо politior et
ornatior Crassus, sic utroque distinctior et urbanior et
altior Cicero, Cicerone mitior Corvinus et dulcior et in
verbis magis elaboratus. Nec quæro quis disertissi-
mus : hoc interim probasse contentus sum, non esse
unum eloquentiæ vultum, sed in illis quoque quos
vocatis antiquos plures species deprehendi, nec statim

et plût aux dieux que votre Calvus, que Célius, que Cicéron lui-
même ne les eussent jamais imités! car je vais m'expliquer tout
à l'heure avec plus de force et de hardiesse; convenons d'abord
que le temps amène en éloquence des formes nouvelles et des
genres différents. Ainsi, comparé au vieux Caton, C. Gracchus
est plus riche et plus abondant; ainsi Crassus est plus poli et
plus orné que Gracchus, Cicéron plus varié, plus fin, plus élevé,
que l'un et l'autre, Messalla plus doux, plus gracieux, plus soigné
dans le choix des mots que Cicéron. Je ne cherche pas lequel
manie le mieux la parole : il me suffit pour le moment d'avoir
prouvé que l'éloquence a plus d'une physionomie; qu'il est, entre
ceux même que vous nommez anciens, des différences sensibles,

et rudes	et grossiers
et informes,	et informes,
et quos	et tels que
utinam	plût aux dieux que
vester Calvus	votre Calvus
aut Cælius	ou Celius
aut Cicero ipse	ou Cicéron lui-même
imitatus esset	*ne les* eût imités
nulla parte.	en aucun point.
Volo enim	Je veux en effet
agere jam	parler tout-à-l'heure [dace,
fortius et audentius,	avec-plus-de-hardiesse et plus-d'au-
si prædixero	si j'aurai dit d'abord
ante	auparavant
formas et genera	les formes et les genres
dicendi	de parler
mutari quoque	être-changés aussi
cum temporibus.	avec les époques.
Sic	Ainsi
comparatus seni Catoni	comparé au vieux Caton
C. Gracchus	C. Gracchus
plenior et uberior,	*est* plus riche et plus abondant,
sic Crassus	ainsi Crassus
politior et ornatior	*est* plus poli et plus orné
Graccho,	que Gracchus,
sic Cicero	ainsi Cicéron
distinctior et urbanior	*est* plus-varié et plus-fin
et altior utroque,	et plus-élevé que l'un-et-l'autre,
Corvinus	*ainsi* Corvinus
mitior et dulcior	*est* plus-doux et plus-gracieux
Cicerone	que Cicéron
et magis elaboratus	et plus soigné
in verbis.	dans les mots.
Nec quæro	Et je ne recherche pas
quis disertissimus :	lequel *est* le plus éloquent :
contentus sum	je suis satisfait
probasse hoc	d'avoir prouvé ceci
interim	en attendant
vultum unum	une physionomie unique
eloquentiæ	de l'éloquence
non esse,	ne-pas-être,
sed plures species	mais plusieurs aspects
deprehendi	être remarqués
in illis quoque	chez ceux-là aussi
quos vocatis antiquos,	que vous appelez anciens,

deterius esse quod diversum est, vitio autem maligni-
tatis humanæ vetera semper in laude, præsentia in fa-
stidio esse. Num dubitamus inventos qui præ Catone
Appium Cæcum magis mirarentur? Satis constat ne
Ciceroni quidem obtrectatores defuisse, quibus inflatus
et tumens nec satis pressus, sed super modum exsul-
tans et superfluens et parum Atticus videretur. Legistis
utique et Calvi et Bruti ad Ciceronem missas epistulas.
ex quibus facile est deprehendere Calvum quidem Ciceroni visum exsanguem et attritum, Brutum autem
otiosum atque disjunctum; rursusque Ciceronem a
Calvo quidem male audisse tanquam solutum et ener-

qu'un genre n'est pas inférieur parce qu'il est divers, et que c'est
la faute de la malignité humaine si le passé est toujours loué, le
présent toujours dédaigné. Doutons-nous qu'Appius Cæcus n'ait eu
des partisans qui l'admiraient au préjudice de Caton? Cicéron
même, on le sait assez, ne manqua pas de détracteurs, qui le
trouvaient bouffi et ampoulé, sans précision, verbeux et redon-
dant à l'excès, enfin trop peu attique. Vous avez lu sans doute les
lettres de Calvus et de Brutus à cet orateur : on y aperçoit facilement que Calvus paraissait à Cicéron maigre et décharné,
Brutus négligé et décousu. Et de son côté Cicéron était repris
par Calvus comme lâche et sans nerf, et Brutus l'accusait en

nec quod diversum est	ni ce qui est différent
esse deterius	être plus mauvais
statim,	aussitôt (par-là même).
autem	mais
vitio	par la faute
malignitatis humanæ	de la malignité humaine
vetera	les choses anciennes
esse semper in laude,	être toujours en louange (louées).
præsentia	les choses présentes
in fastidio.	*être toujours* en dédain (dédaignées).
Non dubitamus	Nous ne doutons pas
inventos	*avoir été* trouvés
qui mirarentur	*des gens* qui admiraient
magis	davantage
Appium Cæcum	Appius Cæcus
præ Catone.	en-comparaison-avec Caton.
Satis constat	Il est assez évident
ne quidem Ciceroni	pas même à Cicéron
defuisse obtrectatores,	avoir-manqué des détracteurs.
quibus	à qui
videretur	il paraissait
inflatus et tumens	bouffi et ampoulé
nec satis pressus.	et pas assez serré,
sed exsultans	mais bouillonnant
et superfluens	et redondant
super modum	outre mesure
et parum Atticus.	et trop-peu Attique.
Legistis utique	Vous avez lu assurément
epistulas	les lettres
et Calvi et Bruti	et de Calvus et de Brutus
missas ad Ciceronem,	envoyées à Cicéron,
ex quibus	d'après lesquelles
est facile deprehendere	il est facile d'apercevoir
Calvum quidem	Calvus à-la-vérité
visum Ciceroni	*avoir* paru à Cicéron
exsanguem et attritum.	maigre et décharné.
Brutum autem	Brutus d'autre-part
otiosum et disjunctum;	négligé et décousu :
rursusque	et en-retour
Ciceronem	Cicéron [repris]
audisse male	avoir entendu *dire* mal (avoir été
a Calvo	par Calvus
quidem	à la vérité
tanquam solutum	comme *étant* lâche
et enervem,	et sans-nerf,

vem, a Bruto autem, ut ipsius verbis utar, tanquam
fractum atque elumbem. Si me interroges, omnes mihi
videntur verum dixisse : sed mox ad singulos veniam,
nunc mihi cum universis negotium est.

XIX. « Nam (quatenus antiquorum admiratores hunc
velut terminum antiquitatis constituere solent) Cassium
Severum, quem primum affirmant flexisse ab illa vetere atque directa dicendi via, non infirmitate ingenii
nec inscitia litterarum transtulisse se ad illud dicendi
genus contendo, sed judicio et intellectu. Vidit nam-
que, ut paulo ante dicebam, cum condicione temporum
et diversitate aurium formam quoque ac speciem ora-

propres termes de manquer de vigueur et de reins. Si vous me
demandez mon avis, tous avaient raison : bientôt je viendrai à
chacun en particulier; maintenant j'ai affaire à tous ensemble.

XIX. « Et, puisque les admirateurs des anciens placent la
limite de l'antiquité à l'époque de Cassius Severus, qui selon eux
s'écarta le premier des voies droites et simples de la vieille
éloquence, je soutiens que ce n'est ni par impuissance de son
talent, ni par ignorance des lettres, mais par système et par
choix, qu'il suivit une méthode nouvelle. Il vit en effet, comme
je le disais tout à l'heure, que les formes et le tour du langage
devaient changer avec l'esprit des temps et le goût des auditeurs.

autem a Bruto,	d'autre-part par Brutus,
ut utar	pour que je me serve
verbis ipsius,	des termes de lui-même,
tanquam fractum	comme faible
et elumbem.	et sans-vigueur.
Si interroges me,	Si vous interrogez moi,
omnes mihi videntur	tous me paraissent
dixisse verum :	avoir-dit la vérité :
sed mox veniam	mais bientôt je viendrai
ad singulos,	à chacun-en-particulier,
nunc	maintenant
negotium est mihi	l'affaire est à moi (j'ai affaire)
cum universis.	avec tous-ensemble.
XIX. « Nam	XIX. « Car
(quatenus	(puisque
admiratores antiquorum	les admirateurs des anciens
solent constituere	ont-coutume-de placer
hunc	celui-ci
velut terminum	comme limite
antiquitatis)	de l'antiquité)
contendo	je prétends
Cassium Severum,	Cassius Severus,
quem affirmant	lequel ils affirment
flexisse primum	s'être-écarté le premier
ab illa vetere	de cette antique
atque directa	et droite
via dicendi,	voie de parler (de l'éloquence).
se transtulisse	s'être transporté
ad illud genus	à cette manière
dicendi	de discourir
non infirmitate	non par faiblesse
ingenii	de talent
nec inscitia	ni par ignorance
litterarum,	des lettres,
sed judicio	mais par goût
et intellectu.	et par raison.
Vidit namque,	Il vit en effet,
ut dicebam	comme je *le* disais
paulo ante,	un peu auparavant,
formam quoque	la forme même
ac speciem	et l'aspect
orationis	du langage
esse mutandam	être devant-être-changé
cum condicione temporum	avec l'état des époques
et diversitate aurium.	et la différence des oreilles.

tionis esse mutandam. Facile perferebat prior ille
populus, ut imperitus et rudis, impeditissimarum
orationum spatia, atque id ipsum laudabat, si dicendo
quis diem eximeret. Jam vero longa principiorum
præparatio et narrationis alte repetita series et multarum divisionum ostentatio et mille argumentorum
gradus et quidquid aliud aridissimis Hermagoræ et
Apollodori libris præcipitur, in honore erat ; quod si
quis odoratus philosophiam videretur. et ex ea locum
aliquem orationi suæ insereret, in cælum laudibus fe-
rebatur. Nec mirum : erant enim hæc nova et incognita,
et ipsorum quoque oratorum paucissimi præcepta
rhetorum aut philosophorum placita cognoverant. At

Le public d'autrefois, encore neuf et grossier, supportait facilement de lourdes et interminables harangues; c'était même un
mérite de traîner un plaidoyer jusqu'à la fin du jour. Aussi les
longues préparations de l'exorde, ces narrations dont le fil était
repris de si haut, cet appareil de divisions multipliées à l'infini,
ces mille degrés qui formaient l'échelle de l'argumentation, enfin
tout ce que recommandent les arides traités d'Hermagoras et
d'Apollodore, était alors dans une haute estime. S'il arrivait
qu'on eût une idée de la philosophie, et qu'on lui empruntât
quelque lieu commun, le discours allait aux nues. Et il ne faut
point s'en étonner : tout cela était nouveau, sans exemple ; et,
parmi les orateurs mêmes, bien peu connaissaient les préceptes
des rhéteurs et les maximes des philosophes. A présent que toutes

Ille populus prior,	Ce peuple des-premiers-temps,
ut imperitus	en-tant-que neuf
et rudis,	et grossier,
perferebat facile	supportait facilement
spatia	les *longs* espaces
orationum	des discours
impeditissimarum.	les plus embarrassés,
atque laudabat id ipsum,	et louait ceci même,
si quis	si quelqu'un
eximeret diem	remplissait une journée
dicendo.	en parlant.
Jam vero	Déjà en vérité
longa præparatio	une longue préparation
principiorum,	des exordes.
et series narrationis	et la suite de la narration
repetita alte,	reprise de haut,
et ostentatio	et l'étalage
multarum divisionum,	de nombreuses divisions,
et mille gradus	et les mille degrés
argumentorum,	des arguments,
et quidquid aliud	et toute autre chose qui
præcipitur	est enseignée
libris aridissimis	par les livres très-arides
Hermagoræ	d'Hermagoras
et Apollodori,	et d'Apollodore,
erat in honore ;	était en honneur ;
quod si quis	que si quelqu'un
videretur	paraissait [pris une idée).
odoratus philosophiam	ayant flairé la philosophie (en avoir
et insereret	et enchâssait
suæ orationi	dans son discours
aliquem locum	quelque lieu-commun
ex ea,	*venu* d'elle (de la philosophie).
ferebatur laudibus	il était porté par les louanges
in cælum.	jusqu'au ciel.
Nec mirum :	Et *cela n'est* pas étonnant :
hæc enim	ces-choses en-effet
erant nova et incognita,	étaient nouvelles et inconnues,
et paucissimi	et très-peu
oratorum ipsorum	des orateurs eux-mêmes
quoque	aussi
cognoverant	avaient appris
præcepta rhetorum	les préceptes des rhéteurs
aut placita	ou les maximes
philosophorum.	des philosophes.

hercule pervulgatis jam omnibus, cum vix in cortina
quisquam assistat, quin elementis studiorum, etsi non
instructus, at certe imbutus sit, novis et exquisitis eloquentiæ itineribus opus est, per quæ orator fastidium
aurium effugiat, utique apud eos judices, qui vi et potestate, non jure aut legibus cognoscunt, nec accipiunt
tempora, sed constituunt, nec exspectandum habent
oratorem, dum illi libeat de ipso negotio dicere, sed
sæpe ultro admonent atque alio transgredientem re-
vocant et festinare se testantur.

XX. « Quis nunc feret oratórem de infirmitate valetu-
dinis suæ præfantem? qualia sunt fere principia Corvi-

ces choses sont vulgaires, et que dans une assemblée il se trouve
à peine un assistant qui ne possède, sinon la connaissance des
lettres, au moins quelque teinture de leurs éléments, l'éloquence
a besoin de se frayer des routes nouvelles et choisies pour
échapper aux dégoûts de l'auditoire. Observez surtout qu'on
parle souvent devant des juges qui procèdent par la force et le
pouvoir, non par le droit ou les lois; qui fixent les heures au
lieu de les subir; qui ne se croient pas obligés d'attendre qu'il
plaise à l'avocat d'en venir au fait, mais sont les premiers à l'y
appeler, l'y ramènent dès qu'il s'en écarte, et déclarent tout haut
qu'ils sont pressés d'en finir.

XX. « Qui pourrait aujourd'hui souffrir un orateur accusant
dans son début la faiblesse de sa santé? Or tels sont presque

At hercule	Mais, par Hercule !
omnibus	toutes *ces* choses
pervulgatis jam,	ayant-été-vulgarisées déjà,
cum vix	alors-qu'à-peine
quisquam	quelqu'un
assistat	est présent
in cortina	dans le cercle-des-auditeurs
quin sit	sans qu'il soit
etsi non instructus,	bien-que non-pas instruit,
at certe	du moins assurément
imbutus	ayant-une-teinture
elementis studiorum,	des éléments des études,
est opus	il est besoin
eloquentiæ	pour l'éloquence
itineribus novis	de voies nouvelles
et exquisitis,	et recherchées,
per quæ	par lesquelles
orator effugiat	l'orateur puisse-éviter
fastidium aurium,	le dégoût des oreilles,
utique	surtout
apud eos judices	devant ces juges
qui cognoscunt	qui connaissent *des affaires*
vi et potestate,	par la force et le pouvoir,
non jure aut legibus,	non par le droit ou les lois,
nec accipiunt tempora,	et *qui* ne reçoivent pas les heures,
sed constituunt,	mais *qui les* fixent,
nec habent oratorem	et *qui* n'ont pas l'orateur
exspectandum,	devant être attendu,
dum libeat	en-attendant qu'il plaise
illi	à celui-là (l'orateur)
dicere de negotio ipso,	de parler de l'affaire même,
sed sæpe admonent	mais *qui* souvent avertissent
ultro	d'eux-mêmes
atque revocant	et *qui* rappellent *au sujet*
transgredientem	*l'orateur* passant
alio,	ailleurs (à autre chose),
et testantur	et *qui* déclarent
se festinare.	eux être-pressés.
XX. « Quis nunc feret	XX. « Qui maintenant supportera
oratorem præfantem	un orateur parlant-d'abord
de infirmitate	de la faiblesse
suæ valetudinis ?	de sa santé ?
qualia sunt	tels que sont
fere	d'ordinaire
principia Corvini.	les exordes de Corvinus.

ni. Quis quinque in Verrem libros exspectabit? Quis
de exceptione et formula perpetietur illa immensa
volumina, quæ pro M. Tullio aut Aulo Cæcina legimus? Præcurrit hoc tempore judex dicentem, et nisi
aut cursu argumentorum aut colore sententiarum aut
nitore et cultu descriptionum invitatus et corruptus
est, aversatur. Vulgus quoque assistentium et affluens
et vagus auditor assuevit jam exigere lætitiam et pul-
chritudinem orationis; nec magis perfert in judiciis
tristem et impexam antiquitatem, quam si quis in
scena Roscii aut Turpionis Ambivii exprimere gestus
velit. Jam vero juvenes et in ipsa studiorum incude
positi, qui profectus sui causa oratores sectantur, non

tous les exordes de Corvinus. Qui aurait la patience d'écouter
cinq livres contre Verrès? Qui supporterait, sur une formule et
une exception, ces immenses volumes que nous lisons sous le
titre de plaidoyers pour Tullius ou pour Cæcina? Le juge devance
maintenant l'orateur; et, si la marche rapide des arguments, le
coloris du style, l'élégance et la richesse des descriptions, ne
l'attachent et ne le séduisent, son esprit se rebute aussitôt. La
foule même des curieux, et tout ce fortuit et mobile auditoire, a
pris l'habitude d'exiger les fleurs et la beauté du langage, et
tolère aussi peu les formes tristes et agrestes d'une éloquence
surannée, que le jeu d'un acteur qui sur la scène irait copier
Roscius ou Turpion. Il y a plus : les jeunes gens dont le talent
novice est encore pour ainsi dire sur l'enclume, et qui suivent les

Quis exspectabit	Qui écoutera-jusqu'au-bout
quinque libros	cinq livres
in Verrem?	contre Verrès?
Quis perpetietur	Qui supportera
de exceptione	sur une exception
et formula	et *sur* une formule
illa immensa volumina	ces immenses volumes
quæ legimus	que nous lisons
pro M. Tullio	*dans les plaidoyers* pour M. Tullius
aut Aulo Cæcina?	ou *pour* Aulus Cæcina?
Hoc tempore	A cette époque-ci
judex	le juge
præcurrit dicentem.	devance celui-qui-parle,
et nisi est invitatus	et s'il n'est pas attiré
et corruptus	et séduit
aut cursu argumentorum	ou par la marche-rapide des arguments
aut colore sententiarum	ou par l'éclat des phrases
aut nitore et cultu	ou par le brillant et le soin
descriptionum,	des descriptions,
aversatur.	il se rebute.
Vulgus quoque	La foule même
assistentium	des assistants
et auditor	et l'auditeur
affluens	qui survient (fortuit)
et vagus,	et mobile,
assuevit jam	a-pris-l'habitude déjà
exigere lætitiam	d'exiger la grâce
et pulchritudinem	et la beauté
orationis;	du discours;
nec perfert magis	et il ne supporte pas plus
in judiciis	dans les tribunaux
antiquitatem	le caractère-antique
tristem	triste
et impexam,	et inculte,
quam si quis velit	que si quelqu'un voulait
exprimere in scena	reproduire sur la scène
gestus Roscii	les gestes de Roscius
aut Turpionis Ambivii.	ou de Turpion Ambivius.
Vero jam	Mais déjà
juvenes	les hommes jeunes
et positi	et placés
in incude ipsa	sur l'enclume même
studiorum,	des études,
qui sectantur	qui suivent-assidûment
oratores	les orateurs

solum audire, sed etiam **referre** domum aliquid illustre
et dignum memoria volunt; traduntque invicem ac
sæpe in colonias ac provincias suas scribunt, sive
sensus aliquis arguta et brevi sententia effulsit, sive
locus exquisito et poetico cultu enituit. Exigitur enim
jam ab oratore etiam poeticus decor, non Accii aut
Pacuvii veterno inquinatus, sed ex Horatii et Vergilii
et Lucani sacrario prolatus. Horum igitur auribus et
judiciis obtemperans nostrorum oratorum ætas pul-
chrior et ornatior exstitit. Neque ideo minus efficaces
sunt orationes nostræ, quia ad aures judicantium cum
voluptate perveniunt. Quid enim, si infirmiora horum

---

orateurs pour se former à leur école, sont jaloux d'entendre et
d'emporter chez eux quelques traits saillants et dignes de mémoire. Ils se redisent l'un à l'autre, et souvent ils écrivent dans
leurs villes et leurs provinces, ce qui les a frappés, soit qu'un
trait pénétrant et rapide ait brillé comme un éclair, soit que la
poésie ait embelli quelque morceau de ses riches couleurs. Car on
veut de la poésie même dans un discours, non de celle que ternit
la rouille d'Accius ou de Pacuvius, mais une poésie qui sorte
brillante et fraîche du sanctuaire d'Horace, de Virgile ou de
Lucain. C'est donc pour complaire au goût de ses auditeurs que
l'éloquence de notre âge se montre plus belle et plus ornée. Et
nos paroles n'en sont pas moins puissantes, parce qu'elles arrivent à l'oreille des juges accompagnées de plaisir : dira-t-on que
les temples de nos jours soient moins solidement construits,

causa sui profectus,	dans-l'intérêt-de leur progrès,
volunt	veulent
non solum audire,	non-seulement entendre,
sed etiam referre	mais encore rapporter
domum	dans *leur* demeure
aliquid illustre	quelque-chose *de* remarquable
et dignum memoria;	et digne de mémoire;
traduntque invicem	et *se* livrent réciproquement
ac sæpe scribunt	et souvent écrivent
in suas colonias	dans leurs colonies
ac provincias	et *leurs* provinces
sive aliquis sensus	soit-que quelque phrase
effulsit sententia	a (ait) brillé par un trait
arguta et brevi,	pénétrant et rapide,
sive locus	soit-qu'un lieu-commun
enituit	s'est (se soit) distingué
cultu exquisito	par un ornement recherché
et poetico.	et poétique.
Jam enim	Déjà en effet
decor poeticus	la parure poétique
exigitur	est exigée
etiam ab oratore,	même de l'orateur,
non inquinatus	non pas souillée
veterno Accii	de la vétusté d'Accius
aut Pacuvii,	ou de Pacuvius,
sed prolatus	mais tirée
ex sacrario	du sanctuaire
Horatii et Vergilii	d'Horace et de Virgile
et Lucani.	et de Lucain.
Obtemperans igitur	Se-conformant donc
auribus et judiciis	aux oreilles et aux goûts
horum	de ceux-ci (de ces auditeurs)
ætas	la génération
nostrorum oratorum	de nos orateurs
exstitit	s'est-montrée
pulchrior et ornatior.	plus-belle et plus-ornée.
Neque nostræ orationes	Ni nos discours
sunt minus efficaces,	*ne* sont *pas* moins puissants,
ideo quia	pour-cela parce-que
perveniunt ad aures	ils arrivent aux oreilles
judicantium	des juges
cum voluptate.	avec le plaisir.
Quid enim	Que *dirait-on* en effet
si credas	si vous croyiez
templa horum temporum	les temples de ces époques-ci

temporum templa credas, quia non rudi cæmento et
informibus tegulis exstruuntur, sed marmore nitent et
auro radiantur?

XXI. « Equidem fatebor vobis simpliciter me in quibusdam antiquorum vix risum, in quibusdam autem
vix somnum tenere. Nec unum de populo nominabo,
Canutium aut Arrium vel Furnios et Toranios quique
alii in eodem valetudinario hæc ossa et hanc maciem
probant : ipse mihi Calvus, cum unum et viginti, ut
puto, libros reliquerit, vix in una et altera oratiuncula
satis facit. Nec dissentire ceteros ab hoc meo judicio
video : quotus enim quisque Calvi in Asitium aut in
Drusum legit? At hercle in omnium studiosorum
manibus versantur accusationes quæ in Vatinium
inscribuntur, ac præcipue secunda ex his oratio; est

parce que, au lieu de pierres brutes et de tuiles informes, on y
voit resplendir le marbre et rayonner l'or?

XXI. « Je le confesserai naïvement : il est des anciens que je ne
lis pas sans être tenté de rire; il en est d'autres dont la lecture
m'endort. Et je ne parle pas ici du peuple des orateurs, d'un
Canutius, d'un Arrius, d'un Furnius, d'un Toranius, et de tous ceux
qui étaient, comme autant de malades dans la même infirmerie,
leurs os et leur maigreur. Calvus lui-même, qui a laissé, je crois,
vingt et un ouvrages, me satisfait à peine dans un ou deux petits
discours. Et je vois que je ne suis pas seul de cette opinion : combien y en a-t-il qui lisent son plaidoyer contre Asitius ou contre
Drusus? Mais ce que les hommes studieux ont sans cesse dans les
mains, ce sont les accusations contre Vatinius, et surtout la seconde :

infirmiora	moins solides
quia exstruuntur	parce *qu'ils* sont édifiés
non rudi cæmento	non-pas avec de dure rocaille
et tegulis informibus,	et des tuiles informes,
sed nitent	mais *parce qu'ils* resplendissent
marmore	de marbre
et radiantur auro?	et *qu'ils* rayonnent d'or?
XXI. « Equidem	XXI. « A la vérité
fatebor vobis	j'avouerai à vous
simpliciter	naïvement
me tenere vix	moi retenir avec-peine
risum	*mon* rire
in quibusdam	chez (en présence de) quelques-uns
antiquorum,	des anciens,
in quibusdam autem	chez certains d'autre-part
vix somnum.	*retenir* avec-peine le sommeil.
Nec nominabo	Et je ne nommerai pas
unum de populo,	quelqu'un de la foule (des orateurs),
Canutium aut Arrium	Canutius ou Arrius,
vel Furnios et Toranios,	ou les Furnius et les Toranius,
quique alii	et *ceux* qui autres *que ceux-là*
in eodem valetudinario	dans la même infirmerie
probant hæc ossa	montrent ces os
et hanc maciem :	et cette maigreur :
Calvus ipse,	Calvus lui-même,
cum reliquerit,	bien-qu'il ait-laissé,
ut puto,	comme je crois,
viginti et unum libros,	vingt et un livres,
mihi satis facit vix	me satisfait à peine
in una et altera	dans un ou un second (un ou deux)
- oratiuncula.	petit discours.
Nec video	Et je ne vois pas
ceteros dissentire	tous-les-autres s'éloigner-par-leur-avis
ab hoc meo judicio :	de ce mien jugement :
quotusquisque enim	combien-peu *y-en-a-t-il* en effet *qui*
legit	lit (lisent)
Calvi	*les discours* de Calvus
in Asitium aut in Drusum?	contre Asitius ou contre Drusus?
At hercle	Mais, par Hercule!
accusationes	les accusations
qui inscribuntur	qui sont intitulées
in Vatinium,	contre Vatinius,
versantur in manibus	sont dans les mains
omnium studiosorum,	de tous les lettrés,
ac præcipue	et surtout

enim verbis ornata et sententiis, auribus judicum
accommodata, ut scias ipsum quoque Calvum intel-
lexisse quid melius esset, nec voluntatem ei, quo
minus sublimius et cultius diceret, sed ingenium ac
vires defuisse. Quid? ex Cælianis orationibus nempe
eæ placent, sive universæ, sive partes earum, in
quibus nitorem et altitudinem horum temporum agno-
scimus. Sordes autem illæ verborum et hians compo-
sitio et inconditi ˏsensus redolent antiquitatem; nec
quemquam adeo antiquarium puto, ut Cælium ex ea
parte laudet qua antiquus est. Concedamus sane
C. Cæsari, ut propter magnitudinem cogitationum et
occupationes rerum minus in eloquentia effecerit,
quam divinum ejus ingenium postulabat, tam hercule

la richesse des expressions, le choix des pensées, tout y concourt à
charmer l'oreille des juges; ce qui prouve que Calvus avait
comme nous l'idée du mieux, et que, s'il n'eut pas une élocution
plus sublime et plus ornée, ce n'est pas la volonté, mais le talent
et les forces qui lui manquèrent. Que dirai-je des discours de
Celius? il en est qui plaisent d'un bout à l'autre ou au moins dans
quelques parties : ce sont ceux où l'on reconnaît l'éclat et l'élévation des temps modernes; mais les termes bas, le style décousu,
les phrases mal construites, sentent le vieux temps, et je ne crois
pas que personne aime assez l'antiquité pour louer Celius de ce
qu'il a d'antique. Pardonnons à César, occupé de si vastes
pensées et distrait par tant de soins divers, d'avoir fait en éloquence moins que ne demandait son divin génie. Laissons pareil-

secunda oratio	le second discours
ex his;	de ceux-ci;
est ornata enim	il est beau en effet
verbis et sententiis,	par les mots et par les pensées,
accommodata	propre-à-plaire
auribus judicum,	aux oreilles des juges,
ut scias	de-sorte-que vous savez
Caivum ipsum quoque	Calvus lui-même aussi
intellexisse	avoir compris
quid esset melius,	ce qui était mieux,
nec voluntatem	et non pas la volonté
defuisse ei	avoir manqué à lui
quominus diceret	de-façon-à-empêcher qu'il parlât
sublimius et cultius,	plus noblement et plus élégamment,
sed ingenium ac vires.	mais le talent et les forces.
Quid?	Qu'est-ce à dire?
eæ	ceux-là
ex orationibus Cælianis	des discours de-Célius
placent nempe,	plaisent assurément,
sive universæ	soit tout-entiers
sive partes earum,	soit des parties d'eux,
in quibus agnoscimus	dans lesquels nous reconnaissons
nitorem et altitudinem	l'éclat et l'élévation
horum temporum.	de ces temps-ci.
Autem	Mais
illæ sordes verborum,	ces bassesses d'expressions,
et compositio hians	et le style mal-lié,
et sensus inconditi	et les phrases mal-construites
redolent antiquitatem;	sentent l'antiquité;
nec puto quemquam	et je ne pense pas quelqu'un
antiquarium	être passionné-pour-l'antiquité
adeo ut	à-tel-point que
laudet Cælium	il loue Célius
ex ea parte	d'après cette partie *de ses œuvres*
qua est antiquus.	par-laquelle il est antique.
Concedamus sane	Pardonnons certes
C. Cæsari	à C. César
ut, propter magnitudinem	que, à-cause-de la grandeur
cogitationum	de *ses* desseins
et occupationes	et *à cause de* ses occupations
effecerit minus	il ait-fait moins
in eloquentia	dans l'éloquence
quam ingenium divinum	que le génie divin
ejus	de lui
postulabat,	demandait,

quam Brutum philosophiæ suæ relinquamus; nam in
orationibus minorem esse fama sua etiam admiratores
ejus fatentur : nisi forte quisquam aut Cæsaris pro
Decio Samnite aut Bruti pro Dejotaro rege ceterosque
ejusdem lentitudinis ac teporis libros legit, nisi qui et
carmina eorumdem miratur. Fecerunt enim et carmina
et in bibliothecas rettulerunt, non melius quam
Cicero, sed felicius, quia illos fecisse pauciores sciunt.
Asinius quoque, quanquam propioribus temporibus
natus sit, videtur mihi inter Menenios et Appios
studuisse. Pacuvium certe et Accium non solum
tragœdiis sed etiam orationibus suis expressit; adeo
durus et siccus est. Oratio autem, sicut corpus hominis, ea demum pulchra est, in qua non eminent venæ

lement Brutus à sa philosophie, puisque dans ses discours il est
inférieur à sa réputation, de l'aveu même de ses admirateurs.
Qui lit en effet les plaidoyers de César pour Decius le Samnite, de
Brutus pour le roi Dejotarus, et tant d'autres compositions également languissantes et glacées? Autant vaudrait admirer jusqu'à
leurs vers; car ils ont fait aussi des vers, et ils ont voulu qu'ils
figurassent dans les bibliothèques, poètes aussi médiocres que
Cicéron, mais plus heureux, parce que moins de gens savent
qu'ils le furent. Asinius même, quoique né dans des temps plus
rapprochés de nous, me semble avoir étudié parmi les Menenius
et les Appius. Il est certain du moins qu'il fait revivre Pacuvius et
Accius, non seulement dans ses tragédies, mais encore dans ses
discours, tant il est dur et sec. Or le discours ressemble au corps
humain : des veines en saillie et des os que l'on compte ne font

tam hercule quam	autant, par Hercule, que
relinquamus Brutum	nous laisserions Brutus
suæ philosophiæ;	à sa philosophie;
nam admiratores ejus	car les admirateurs de lui
etiam	même
fatentur esse minorem	avouent *lui* être inférieur
sua fama	à sa réputation
in orationibus :	dans *ses* discours :
nisi forte	à-moins-que par-hasard
quisquam legit	quelqu'un lit (lise)
aut libros Cæsaris	ou les livres de César
pro Decio Samnite,	pour Decius le Samnite,
aut Bruti	ou *ceux* de Brutus
pro rege Dejotaro	pour le roi Déjotarus
ceterosque	et tous-les-autres-*ouvrages*
ejusdem lentitudinis	de même langueur
ac teporis,	et de *même* tiédeur,
nisi qui	si-ce-n'est *celui* qui
miratur et carmina	admire même les vers
corumdem.	des mêmes.
Enim	En effet
fecerunt et carmina	ils ont fait aussi des vers
et rettulerunt	et ils *les* ont apportés
in bibliothecas,	dans les bibliothèques,
non melius quam Cicero,	non pas mieux que Cicéron,
sed felicius	mais avec-plus-de-bonheur,
quia pauciores	car des-gens-moins-nombreux
sciunt illos fecisse.	savent ceux-là avoir-fait *des vers.*
Asinius quoque,	Asinius même,
quanquam sit natus	bien qu'il soit né
temporibus propioribus,	dans des temps plus-rapprochés,
videtur mihi studuisse	semble à moi avoir-étudié
inter Menenios et Appios.	parmi les Ménénius et les Appius.
Expressit enim	Il a-reproduit en-effet
certe	assurément
Pacuvium et Accium	Pacuvius et Accius
non solum suis tragœdiis,	non seulement dans ses tragédies,
sed etiam orationibus;	mais encore dans *ses* discours :
adeo	tellement
est durus et siccus.	il est dur et sec.
Autem ea oratio demum,	Or ce discours surtout,
sicut corpus hominis,	comme le corps de l'homme,
est pulchra,	est beau,
in qua	dans lequel
venæ non eminent,	les veines ne ressortent pas,

nec ossa numerantur, sed temperatus ac bonus sanguis
implet membra et exsurgit toris ipsosque nervos rubor
tegit et decor commendat. Nolo Corvinum insequi,
quia nec per ipsum stetit quo minus lætitiam nito-
remque nostrorum temporum exprimeret, et videmus,
in quantum judicio ejus vis aut animi aut ingenii
suffecerit.

XXII. « Ad Ciceronem venio, cui eadem pugna cum
æqualibus suis fuit, quæ mihi vobiscum est. Illi enim
antiquos mirabantur, ipse suorum temporum eloquentiam anteponebat; nec ulla re magis oratores ætatis
ejusdem præcurrit quam judicio. Primus enim exco-
luit orationem, primus et verbis dilectum adhibuit et
compositioni artem, locos quoque lætiores attentavit et

---

pas la beauté : il faut qu'un sang pur et tempéré arrondisse les
membres, nourrisse l'embonpoint, déguise les nerfs eux-mêmes
sous un coloris vermeil et d'agréables contours. Je ne ferai point
la guerre à Corvinus : il n'a pas tenu à lui qu'il ne déployât la
richesse et l'éclat de notre siècle, et nous voyons jusqu'à quel
point la chaleur de son âme et la force de son génie ont secondé
son jugement.

XXII. « J'arrive à Cicéron, qui eut avec ses contemporains une
lutte pareille à celle que je soutiens contre vous. Ils admiraient
les anciens, et Cicéron préférait l'éloquence de son siècle. Je le
dirai même : s'il devança de si loin les orateurs de cette époque,
ce fut principalement par le goût. Le premier il polit le langage
inculte; le premier il sut choisir les mots et les disposer avec art :
il hasarda même des morceaux brillants et trouva quelques pen-

nec ossa numerantur,	ni les os *ne* sont-comptés,
sed sanguis	mais *dans lequel* un sang
temperatus et bonus	tempéré et pur
implet membra	arrondit les membres
et exsurgit	et se soulève
toris,	par les chairs,
ruborque	et *dans lequel* la rougeur *du sang*
tegit nervos ipsos	couvre les nerfs mêmes
et decor	et *que* la grâce
commendat.	fait-valoir.
Nolo	Je ne veux pas
insequi Corvinum,	attaquer Corvinus,
quia	parce que
nec stetit per ipsum	et il n'a pas tenu par lui-même (à lui)
quominus exprimeret	qu'il ne déployât
lætitiam nitoremque	la richesse et l'éclat
nostrorum temporum,	de nos temps (notre temps),
et videmus	et nous voyons
in quantum	jusqu'à quel point
vis aut animi	la force ou de *son* âme
aut ingenii	ou de *son* génie
suffecerit judicio ejus.	a fourni au jugement de lui.
XXII. « Venio	XXII. « Je viens
ad Ciceronem,	à Cicéron,
cui fuit	à qui fut
eadem pugna	la même lutte
cum suis æqualibus,	avec ses contemporains,
quæ est mihi	qui est à moi
vobiscum.	avec vous.
Illi enim	Ceux-là en effet
mirabantur antiquos,	admiraient les anciens,
ipse anteponebat	lui-même préférait
eloquentiam	l'éloquence
suorum temporum;	de ses (son) temps;
nec præcurrit	et il n'a pas devancé
oratores ejusdem ætatis	les orateurs de la même époque
ulla re	par aucune chose
magis quam judicio.	plus que par le goût.
Primus enim	Le premier en-effet
excoluit orationem,	il a poli le style,
primus	le premier
adhibuit dilectum verbis	il appliqua un choix aux mots
et artem compositioni,	et l'art à *leur* arrangement,
attentavit quoque	il hasarda aussi
locos lætiores	des lieux-communs plus-brillants

quasdam sententias invenit, utique in iis orationibus
quas jam senior et juxta finem vitæ composuit, id est,
postquam magis profecerat usuque et experimentis
didicerat quod optimum dicendi genus esset. Nam
priores ejus orationes non carent vitiis antiquitatis :
lentus est in principiis, longus in narrationibus,
otiosus circa excessus; tarde commovetur, raro inca-
lescit; pauci sensus apte et cum quodam lumine termi-
nantur. Nihil excerpere, nihil referre possis, et velut
in rudi ædificio, firmus sane paries et duraturus, sed
non satis expolitus et splendens. Ego autem oratorem,
sicut locupletem ac lautum patrem familiæ, non eo
tantum volo tecto tegi quod imbrem ac ventum arceat,
sed etiam quod visum et oculos delectet; non ea solum

séès neuves, surtout dans les discours qu'il composa étant déjà
vieux et vers la fin de sa vie, c'est-à-dire après qu'il eut fait des
progrès, et que l'usage et l'expérience lui eurent appris quel
genre méritait la préférence. Car ses premiers discours ne sont
pas exempts des défauts de l'antiquité : il est lent dans ses exordes, diffus dans ses récits, sans fin dans ses digressions; il tarde
à s'émouvoir, s'échauffe rarement, termine peu de phrases par
un trait heureux et lumineux. Rien à détacher de son ouvrage.
rien à retenir; c'est un édifice d'une architecture grossière, dont
les parois solides et durables n'ont pas assez de brillant et de
poli. Or l'orateur est pour moi comme un père de famille riche
et honorable : il ne suffit pas que son toit le mette à couvert de la
pluie et des vents; j'y veux quelque chose pour la décoration et

et invenit	et trouva
quasdam sententias,	certaines pensées,
utique in iis orationibus	surtout dans ces discours
quas composuit	qu'il composa
jam senior	*étant* déjà assez-vieux
et juxta finem vitæ,	et près de la fin de *sa* vie,
id est	cela est (c'est-à-dire)
postquam profecerat	après qu'il avait-fait-des-progrès
magis	davantage
didiceratque	et *qu'il* avait appris
usu et experimentis	par l'usage et les expériences
quod genus dicendi	quelle manière de parler
esset optimum.	était la meilleure.
Nam	Car
priores orationes ejus	les premiers discours de lui
non carent	ne sont pas dépourvus
vitiis antiquitatis :	des défauts de l'antiquité :
est lentus in principiis,	il est lent dans les exordes,
longus in narrationibus,	diffus dans les narrations,
otiosus circa excessus;	prolixe dans les digressions;
commovetur tarde	il s'émeut tardivement
incalescit raro;	il s'échauffe rarement;
sensus pauci	des phrases peu-nombreuses
terminantur apte	sont-terminées convenablement
et cum quodam lumine.	et avec un-certain éclat.
Possis excerpere nihil,	Vous *ne* pourriez détacher rien,
referre nihil,	rapporter rien,
et velut	et comme
in ædificio rudi,	dans un édifice grossier,
paries firmus sane	la paroi *est* solide assurément
et duraturus,	et devant-durer,
sed non satis expolitus	mais pas assez polie
et splendens.	et brillante.
Autem ego	Or moi
volo oratorem,	je veux l'orateur,
sicut patrem familiæ	comme un père de famille
locupletem et lautum,	riche et distingué,
tegi	être abrité
non eo tecto tantum	non pas de ce toit seulement
quod arceat	qui puisse-écarter
imbrem et ventum,	la pluie et le vent,
sed etiam	mais encore
quod delectet	qui puisse-charmer
visum et oculos;	la vue et les yeux;
instrui	*je veux lui* être pourvu

instrui suppellectile quæ necessariis usibus sufficiat,
sed sit in apparatu ejus et aurum et gemmæ, ut sumere
in manus et aspicere sæpius libeat. Quædam vero
procul arceantur ut jam oblitterata et olentia : nullum
sit verbum velut rubigine infectum, nulli sensus tarda
et inerti structura in morem annalium componantur;
fugitet fœdam et insulsam scurrilitatem, variet compositionem, nec omnes clausulas uno et eodem modo
determinet.

XXIII. « Nolo irridere « rotam Fortunæ » et « jus
« Verrinum » et illud tertio quoque sensu in omnibus
orationibus pro sententia positum « esse videatur ».
Nam et hæc invitus rettuli et plura omisi, quæ tamen
sola mirantur atque exprimunt ii, qui se antiquos oratores vocant. Neminem nominabo, genus hominum
significasse contentus : sed vobis utique versantur ante

les regards. C'est peu qu'il soit fourni des meubles indispensables
aux usages de la vie; je veux qu'il y ait, parmi son mobilier, de
l'or et des pierreries que l'on puisse se plaire à prendre dans la
main et à regarder plus d'une fois; je veux qu'il recule des yeux
certaines pièces surannées et flétries; qu'il ne paraisse pas chez
lui un mot infecté de la rouille du temps, pas une phrase d'une
construction lâche et traînante, comme celle des vieilles annales;
qu'il évite toute basse et insipide bouffonnerie; qu'il varie la
composition de ses périodes, et qu'il ne les termine pas toutes par
une seule et uniforme cadence.

XXIII. « Je ne veux pas rire de la *roue de Fortune* de Cicéron,
de son *jus Verrinum*, et de cet éternel *esse videatur*, qui, dans
tous ses discours, revient de trois phrases en trois phrases tenir
la place d'une pensée. C'est à regret même que j'ai cité ces traits,
et j'en ai omis bien d'autres, qui sont pourtant seuls en posses-
sion d'être admirés et imités de ceux qui se qualifient d'orateurs
antiques. Je ne nommerai personne : il suffit d'avoir désigné cette
classe d'hommes en général. Du reste, vous avez tous les jours

non ea supellectile solum
quæ sufficiat
usibus necessariis,
sed et aurum
sit in apparatu ejus,
et gemmæ;
ut libeat
sumere in manus
et aspicere sæpius.
Vero quædam
arceantur procul
ut oblitterata
et olentia :
nullum verbum sit
velut infectum rubigine,
nulli sensus
componantur
in morem annalium
structura tarda
et inerti;
fugitet scurrilitatem
fœdam et insulsam,
variet compositionem,
nec determinet
omnes clausulas
uno et eodem modo.

XXIII. « Nolo irridere
« rotam Fortunæ »
et « jus Verrinum »
et illud « esse videatur »
positum pro sententia
quoque tertio sensu
in omnibus orationibus.
Nam et rettuli hæc
invitus,
et omisi plura,
quæ sola tamen
ii mirantur
atque exprimunt,
qui se vocant
oratores antiquos.
Nominabo neminem,
contentus significasse
genus hominum :
sed isti utique

non pas de ce mobilier seulement
qui pourrait-suffire
aux usages indispensables,
mais et *que* de l'or
soit dans le mobilier de lui,
et que des perles *y soient*;
afin qu'il soit-agréable
de prendre dans les mains
et de regarder assez-souvent.
Mais *que* certaines-choses
soient-écartées au-loin
comme les choses surannées
et sentant *le moisi* :
qu'aucun mot *ne* soit
comme souillé de rouille,
que nulles (nulle) phrases
ne soient composées
à la façon d'annales
avec-une-construction lâche
et molle;
qu'il évite la bouffonnerie
honteuse et sans-sel,
qu'il varie la composition *des phrases*,
et qu'il ne règle pas
toutes les fins-de-périodes
d'une-seule et même façon.

XXIII. « Je-ne-veux-pas rire-de
la « roue de Fortune » [7]
et *du* « jus Verrinum » [8]
et *de* cet « esse videatur »
placé à-la-place-d'une pensée
à chaque troisième phrase
dans tous *ses* discours.
Car et j'ai-rapporté ces-choses
agissant-à-regret,
et j'ai omis plusieurs-choses,
lesquelles seules pourtant
ceux-là admirent
et reproduisent,
qui s'appellent
orateurs antiques.
Je *ne* nommerai personne,
satisfait d'avoir-désigné
cette classe d'hommes :
mais ceux-là surtout

oculos isti, qui Lucilium pro Horatio et Lucretium pro
Vergilio legunt, quibus eloquentia Aufidii Bassi aut
Servilii Noniani ex comparatione Sisennæ aut Varro-
nis sordet, qui rhetorum nostrorum commentarios
fastidiunt, Calvi mirantur. Quos more prisco apud
judicem fabulantes non auditores sequuntur, non
populus audit, vix denique litigator perpetitur : adeo
mæsti et inculti illam ipsam, quam jactant, sanitatem
non firmitate, sed jejunio consequuntur. Porro ne in
corpore quidem valetudinem medici probant, quæ
animi anxietate contingit; parum est ægrum non esse :
fortem et lætum et alacrem volo. Prope abest ab infirmitate, in quo sola sanitas laudatur. Vos vero, viri

devant les yeux des gens qui lisent Lucilius au lieu d'Horace,
Lucrèce au lieu de Virgile, pour qui l'éloquence de votre ami
Aufidius Bassus ou de Servilius Nonianus languit auprès des
œuvres de Sisenna et de Varron; qui dédaignent les cahiers de
nos rhéteurs et admirent ceux de Calvus; qui, avec leur vieille
manière de plaider ou plutôt de causer devant le juge, n'ont ni
auditeurs qui les suivent ni public qui les écoute, trop heureux
si leur client même les supporte, tant leur diction est triste et
inculte! et si elle est saine, comme ils s'en glorifient, ce n'est pas
vigueur de tempérament, mais abstinence de nourriture. Or les
médecins qui prennent soin de nos corps n'estiment pas une
santé obtenue par le tourment de l'âme : c'est peu de n'être pas
malade; je veux qu'on soit robuste, gai, alerte : celui-là n'est pas
éloigné de la maladie, dont on dit, pour tout éloge, qu'il se porte
bien. Mais vous, qui possédez à un si haut degré le talent de la

versantur vobis	sont à vous
ante oculos,	devant les yeux,
qui legunt	qui lisent
Lucilium pro Horatio	Lucilius au-lieu-d'Horace
et Lucretium pro Vergilio,	et Lucrèce au-lieu-de Virgile,
quibus	*gens* pour qui
eloquentia Aufidii Bassi	l'éloquence d'Aufidius Bassus
aut Servilii Noniani	ou de Servilius Nonianus
sordet	est-sans valeur [son]
ex comparatione	d'après la comparaison (en comparai-
Sisennæ	*de l'éloquence* de Sisenna
aut Varronis,	ou de Varron,
qui fastidiunt	*gens* qui dédaignent
commentarios	les commentaires
nostrorum rhetorum,	de nos rhéteurs,
mirantur Calvi.	*et* admirent *ceux* de Calvus.
Quos,	*Gens* que,
fabulantes apud judicem	causant devant le juge
more prisco,	à la manière antique,
auditores non sequuntur,	des auditeurs ne suivent pas,
populus non audit,	le peuple n'écoute pas,
vix denique	et *qu'*à-peine enfin
litigator perpetitur :	le plaideur supporte :
adeo mæsti et inculti	tellement tristes et incultes
consequuntur	ils obtiennent
illam sanitatem ipsam	cette santé même
quam jactant	qu'ils vantent
non firmitate	non pas par vigueur
sed jejunio.	mais par abstinence.
Porro	Or
ne quidem in corpore	pas même dans (pour) le corps
medici	les médecins
probant valetudinem	*n'*approuvent une santé
quæ contingit	qui arrive
anxietate animi;	par le tourment de l'âme;
non esse ægrum	ne pas être malade
est parum :	est peu :
volo fortem	je veux *un homme* robuste
et lætum et alacrem.	et gai et alerte.
Abest prope	Il est distant de-près
ab infirmitate	de la maladie
in quo	*celui* en qui
sanitas sola laudatur.	la santé seule est louée.
Vero vos,	Mais vous,
viri disertissimi,	hommes très-éloquents,

disertissimi, ut potestis, ut facitis, illustrate sæculum
nostrum pulcherrimo genere dicendi. Nam et te, Messalla, video lætissima quæque antiquorum imitantem,
et vos, Materne ac Secunde, ita gravitati sensuum
nitorem et cultum verborum miscetis, ea electio inven-
tionis, is ordo rerum, ea, quotiens causa poscit, uber-
tas, ea, quotiens permittit, brevitas, is compositionis
decor, ea sententiarum planitas est, sic exprimitis
affectus, sic libertatem temperatis, ut etiam si nostra
judicia malignitas et invidia tardaverit, verum de vobis
dicturi sint posteri nostri. »

XXIV. Quæ cum Aper dixisset, « Agnoscitisne,
inquit Maternus, vim et ardorem Apri nostri? Quo
torrente, quo impetu sæculum nostrum defendit!
Quam copiose ac varie vexavit antiquos! Quanto non
solum ingenio ac spiritu, sed etiam eruditione et arte

parole, illustrez notre siècle (vous le pouvez et déjà vous le
faites) par le genre d'éloquence qui est vraiment le plus beau.
Pour votre part, Messalla, je ne vous vois imiter des anciens que
leurs traits les plus brillants. Et vous, Maternus et Secundus,
vous savez si bien allier à la force des idées l'élégance et l'éclat
des expressions; vous mettez dans l'invention tant de choix,
tant d'ordre dans la disposition; vous avez, quand la cause le
demande, une telle abondance, quand elle le permet, une telle
brièveté; les mots, chez vous, se lient et s'arrangent avec tant de
grâce; les pensées sont si naturelles, les passions si finement
maniées, la liberté si pleine de mesure que, si la malignité et
l'envie ont retardé pour vous la justice contemporaine, la vérité
sera proclamée par nos descendants. ».

XXIV. Lorsque Aper eut fini : « Reconnaissez-vous, dit Maternus,
la véhémence et la chaleur de notre Aper? Quel torrent impé-
tueux, quand il défendait notre siècle! quelle abondance et quelle
variété dans ses attaques contre les anciens! avec quel génie,

illustrate nostrum sæculum,	illustrez notre siècle,
ut potestis,	comme vous *le* pouvez,
ut facitis, [di.	comme vous *le* faites,
pulcherrimo genere dicen-	par le-plus-beau genre de parler.
Nam video	Car je vois
et te, Messalla,	et vous, Messalla,
imitantem	imitant
quæque lætissima	toutes-les-choses les plus brillantes
antiquorum,	des anciens,
et vos,	et vous,
Materne ac Secunde,	Maternus et Secundus,
miscetis ita	vous alliez à-tel-point
gravitati sensuum [rum,	à la force des idées
nitorem et cultum verbo-	l'éclat et l'élégance des mots,
ea est electio inventionis,	tel est *chez vous* le choix de (dans)
is ordo rerum,	tel *est* l'ordre des choses, [l'invention,
ea ubertas,	telle *est* l'abondance.
quotiens causa poscit,	toutes-les-fois-que la cause *le* demande,
ea brevitas,	telle *est* la brièveté,
quotiens permittit,	toutes-les-fois-qu'elle *le* permet,
is decor compositionis,	telle *est* la grâce de l'arrangement.
ea planitas sententiarum,	telle *est* la netteté des pensées, [sorte,
exprimitis affectus sic,	vous exprimez les passions de-telle-
temperatis sic libertatem,	vous tempérez de-telle-façon la liberté,
ut etiam si malignitas	que même si la malignité
et invidia	et l'envie
tardaverit nostra judicia,	aura-retardé nos jugements,
nostri posteri	nos descendants
sint dicturi	soient (sont) devant-dire
verum de vobis. »	la vérité au-sujet-de-vous. »
XXIV. Cum Aper	XXIV. Lorsqu'Aper
dixisset quæ :	eut-dit lesquelles-choses (ces choses) :
« Agnoscitisne,	« Est-ce-que vous reconnaissez,
inquit Maternus,	dit Maternus,
vim et ardorem	la véhémence et la chaleur
nostri Apri ?	de notre Aper ?
Quo torrente,	Avec quel torrent *d'expressions*,
quo impetu [lum !	avec quelle impétuosité
defendit nostrum sæcu-	il *a* défendu notre siècle !
Quam copiose	Combien abondamment
et varie	et diversement (avec variété)
vexavit antiquos !	il a attaqué les anciens !
Quanto	Avec quel-grand
non solum	non seulement
ingenio ac spiritu,	génie et enthousiasme,

ab ipsis mutuatus est per quæ mox ipsos incesseret!
Tuum tamen, Messalla, promissum immutasse non
debet. Neque enim defensorem antiquorum exigimus,
nec quemquam nostrum, quanquam modo laudati
sumus, iis quos insectatus est Aper comparamus. Ac
ne ipse quidem ita sentit, sed more veteri et a nostris
philosophis sæpe celebrato sumpsit sibi contra dicendi
partes. Igitur exprome nobis non laudationem antiquorum (satis enim illos fama sua laudat), sed causas
cur tantum ab eloquentia eorum recesserimus, cum
præsertim centum et viginti annos ab interitu Ciceronis
in hunc diem effici ratio temporum collegerit. »

XXV. Tum Messalla : « Sequar præscriptam a te,

quelle verve, ajoutons même avec quelle érudition et quelle
adresse, il a emprunté d'eux des armes pour les combattre!
Cependant, Messalla, vous ne devez pas rétracter votre promesse.
Nous ne demandons pas une apologie des anciens; et, malgré
les éloges qu'on vient de nous prodiguer, nous ne comparons
aucun de nous à ceux auxquels Aper vient de livrer la guerre.
Lui-même ne pense pas ce qu'il dit; mais, selon une méthode
ancienne et souvent employée parmi vos philosophes, il a pris
pour lui le rôle de contradicteur. Faites-nous donc, non le panégyrique des anciens (leur renommée suffit à leur éloge), mais
l'exposé des causes qui nous ont jetés si loin de leur éloquence,
surtout lorsque le calcul des temps ne donne, depuis la mort de
Cicéron jusqu'à nos jours, que cent vingt années.

XXV. — Je suivrai, Maternus, le plan que vous me tracez, dit

sed etiam	mais encore
eruditione	avec *quelle* érudition
et arte	et *quelle* habileté
mutuatus est ab ipsis	il a-emprunté d'eux-mêmes
per quæ	*des armes* par lesquelles [après!
incesseret ipsos mox !	il *les* attaquerait eux-mêmes bientôt-
Non debet tamen	Il ne doit pas cependant
immutasse	avoir changé (fait abandonner)
tuum promissum,	votre promesse,
Messalla.	Messalla.
Neque enim exigimus	Et en-effet nous ne demandons pas
defensorem antiquorum,	un défenseur des anciens,
nec comparamus	et nous ne comparons pas
quemquam nostrum,	quelqu'un de nous,
quanquam laudati sumus	quoique nous avons (ayons)-été-loués
modo,	récemment,
iis	à ceux
quos Aper insectatus est.	qu'Aper a attaqués.
Ac ne quidem ipse	Et pas même lui-même
sentit ita,	ne pense ainsi,
sed,	mais,
more veteri	à la façon ancienne
et celebrato sæpe	et employée souvent
a nostris philosophis,	par nos philosophes,
sumpsit sibi	il a-pris pour-lui
partes contra dicendi.	les rôles (le rôle) de contredire.
Exprome nobis igitur	Exposez-nous donc
non laudationem antiquo-	non-pas la louange des anciens
(sua fama [rum	(leur renommée
laudat illos satis	loue eux assez
enim),	en effet),
sed causas	mais les raisons [sommes écartés
cur recesserimus	pourquoi (pour lesquelles) nous nous
tantum	tant
ab eloquentia eorum,	de l'éloquence d'eux,
cum præsertim	quand surtout
ratio temporum	le calcul des temps
collegerit	a compté
centum et viginti annos	cent et vingt ans *seulement*
effici	être donnés comme total
ab interitu Ciceronis	depuis la mort de Cicéron
in hunc diem. »	jusqu'à ce jour. »
XXV. Tum Messalla :	XXV. Alors Messalla :
« Sequar formam	« Je suivrai le plan
præscriptam a te,	prescrit par vous,

Materne, formam; neque enim diu contra dicendum
est Apro, qui primum, ut opinor, nominis controver-
siam movit, tanquam parum proprie antiqui voca-
rentur, quos satis constat ante centum annos fuisse.
Mihi autem de vocabulo pugna non est; sive illos antiquos sive majores sive quo alio mavult nomine ap-
pellet, dum modo in confesso sit eminentiorem illorum
temporum eloquentiam fuisse; ne illi quidem parti
sermonis ejus repugno, si cum omnibus fatetur plures
formas dicendi etiam iisdem sæculis, nedum diversis
exstitisse. Sed quo modo inter Atticos oratores primæ
Demostheni tribuuntur, proximum locum Æschines et
Hyperides et Lysias et Lycurgus obtinent, omnium
autem concessu hæc oratorum ætas maxime probatur,

alors Messalla. Il n'est pas besoin d'ailleurs de plaider longtemps
contre Aper : il n'a jamais fait, je pense, qu'élever une contro-
verse de nom, en ne voulant point qu'on appelât anciens des
hommes qui, de l'aveu commun, vécurent plus de cent ans avant
nous. Pour moi, je ne disputerai pas sur le mot : qu'ils soient
des anciens, ou nos ancêtres, ou ce qu'Aper voudra, pourvu qu'il
demeure établi que l'éloquence de ce temps-là valait mieux que
la nôtre. Je ne combattrai pas davantage l'autre partie de son
discours s'il reconnaît avec tout le monde qu'un même siècle, et
non pas seulement des siècles différents, a vu changer les formes
oratoires. Mais, si parmi les attiques on donne le premier rang à
Démosthène, si Eschine, Hypéride, Lysias et Lycurgue occupent
le second, et que, cet ordre une fois reconnu, l'estime univer-
selle place cette génération d'orateurs au-dessus de toutes les

Materne;	Maternus;
neque est enim	et il n'est pas en effet
contra dicendum	devant être contredit
diu Apro,	longtemps à Aper,
qui primum,	qui tout-d'abord,
ut opinor,	comme je crois,
movit	a soulevé
controversiam nominis,	une controverse de mot,
tanquam	comme si
vocarentur	ils seraient (étaient) appelés
parum proprie	peu proprement
antiqui,	anciens,
quos	*ceux* que
satis constat fuisse	il est assez établi avoir existé
ante centum annos.	avant cent ans (il y a plus de cent ans).
Autem	Or
pugna non est mihi	le débat n'est pas à moi
de vocabulo;	au-sujet-du mot;
appellet illos	qu'*Aper* appelle ceux-là
sive antiquos,	soit anciens,
sive majores,	soit *nos* ancêtres,
sive alio nomine	soit d'un autre nom
quo mavult,	dont il préfère *les appeler*,
dum modo	pourvu seulement que
sit in confesso	il soit dans l'aveu (il avoue)
eloquentiam	l'éloquence
illorum temporum	de ces temps-là
fuisse eminentiorem;	avoir été plus-distinguée *que la nôtre*;
ne repugno quidem	je ne combats même pas
illi parti sermonis ejus,	cette *autre* partie du discours de lui,
si fatetur cum omnibus	s'il avoue avec tous
plures formas dicendi	plusieurs façons de parler
etiam iisdem sæculis,	*avoir été* dans les mêmes siècles,
nedum	*et* non-pas-seulement
diversis.	dans des *siècles* différents.
Sed modo quo	Mais de la façon dont
inter oratores Atticos	parmi les orateurs attiques
primæ *partes*	les premiers *rôles* (le premier rang)
tribuuntur Demostheni,	sont accordés à Démosthène,
Æschines et Hyperides	*et dont* Eschine et Hypéride
et Lysias et Lycurgus	et Lysias et Lycurgue
obtinent proximum locum,	tiennent la seconde place,
autem concessu omnium	mais *dont* du consentement de tous
hæc ætas oratorum	cette génération d'orateurs
probatur maxime,	est-estimée le plus,

sic apud nos Cicero quidem ceteros eorundem temporum
disertos antecessit, Calvus autem et Asinius et Cæsar
et Cælius et Brutus jure et prioribus et sequentibus
anteponuntur. Nec refert quod inter se specie differunt,
cum genere consentiant. Adstrictior Calvus, numero-
sior Asinius, splendidior Cæsar, amarior Cælius, gra-
vior Brutus, vehementior et plenior et valentior Cicero :
omnes tamen eandem sanitatem eloquentiæ ferunt, ut si
omnium pariter libros in manum sumpseris, scias,
quamvis in diversis ingeniis, esse quandam judicii ac
voluntatis similitudinem et cognationem. Nam quod
invicem se obtrectaverunt et sunt aliqua epistulis
eorum inserta, ex quibus mutua malignitas detegitur,
non est oratorum vitium, sed hominum. Nam et Calvum

autres, on peut dire aussi que chez nous Cicéron laissa derrière
lui les plus habiles de ses contemporains, et que néanmoins les
Calvus, les Asinius, les César, les Celius, les Brutus, ont sur leurs
devanciers et leurs successeurs une prééminence avouée. Et peu
importe qu'ils diffèrent entre eux par l'espèce, quand le genre est
semblable. Calvus est plus serré, Asinius plus nombreux, César
plus magnifique, Celius plus mordant, Brutus plus grave, Cicéron
plus véhément, plus nourri, plus vigoureux. Tous ont cependant
une éloquence également saine; et, si vous prenez à la fois leurs
discours, vous reconnaîtrez, en des talents divers, un goût et des
principes semblables, et comme un air de famille. S'ils ont médit
l'un de l'autre, et si leurs lettres contiennent des traits qui décè-
lent une malignité réciproque, en cela ils n'étaient pas orateurs,

sic apud nos	de même chez nous
Cicero quidem	Cicéron à-la-vérité
antecessit	surpassa
ceteros disertos	tous les *orateurs* habiles
eorundem temporum,	des mêmes temps,
autem Calvus	mais Calvus
et Asinius et Cæsar	et Asinius et César
et Cælius et Brutus	et Celius et Brutus
anteponuntur jure	sont préférés à-bon-droit
et prioribus	et à *leurs* prédécesseurs
et sequentibus.	et à *leurs* successeurs.
Nec refert	Et il n'importe pas
quod differunt inter se	qu'ils diffèrent entre eux
specie,	par l'espèce,
cum consentiant	puisqu'ils s'accordent
genere.	par le genre.
Calvus adstrictior,	Calvus *est* plus serré,
Asinius numerosior,	Asinius plus nombreux,
Cæsar splendidior,	César plus magnifique,
Cælius amarior,	Celius plus mordant,
Brutus gravior,	Brutus plus grave,
Cicero vehementior	Cicéron plus véhément
et plenior et valentior :	et plus nourri et plus vigoureux :
omnes tamen ferunt	tous pourtant montrent
eandem sanitatem	la même pureté
eloquentiæ,	d'éloquence,
ut si	de-telle-sorte-que si
sumpseris in manum	vous aurez-pris en main
libros omnium pariter,	les livres de tous également,
scias	vous sauriez
quandam similitudinem	une certaine similitude
judicii ac voluntatis	de goût et de sentiments
et cognationem	et une *certaine* parenté
esse	être *entre eux*
quamvis	quoique
in ingeniis diversis.	dans des talents divers.
Nam quod	Car ce-fait-que
se obtrectaverunt invicem,	ils se dénigrèrent réciproquement,
et aliqua sunt	et que certaines-choses existent
inserta epistulis eorum,	insérées dans les lettres d'eux,
ex quibus	d'après lesquelles
mutua malignitas	une mutuelle malignité
detegitur,	est découverte,
non est vitium oratorum,	n'est pas un défaut des orateurs,
sed hominum.	mais des hommes.

et Asinium et ipsum Ciceronem credo solitos et invidere et livere et ceteris humanæ infirmitatis vitiis affici : solum inter hos arbitror Brutum non malignitate nec invidia, sed simpliciter et ingenue judicium animi sui detexisse. An ille Ciceroni invideret, qui mihi videtur ne Cæsari quidem invidisse? Quod ad Servium Galbam et C. Lælium attinet, et si quos alios antiquorum agitare non destitit, non exigit defensorem, cum fatear quædam eloquentiæ eorum ut nascenti adhuc nec satis adultæ defuisse.

— Perge, inquit Maternus, et cum de antiquis loquaris, utere antiqua libertate, a qua vel magis degeneravimus quam ab eloquentia.

mais hommes. Calvus, en effet, Asinius et Cicéron lui-même, ne furent pas exempts, je pense, de rivalités, de jalousies, ni des autres misères de la faiblesse humaine. Seul d'entre eux, Brutus me semble avoir exprimé, sans malice, sans envie, avec franchise et naïveté, le jugement de sa conscience : pouvait-il être jaloux de Cicéron, lui qui ne parait pas même l'avoir été de César? Pour ce qui est de Galba, de Lelius et des autres anciens qu'Aper ne cesse d'attaquer, toute défense est superflue, puisque je conviens moi-même que leur éloquence naissante et encore trop peu formée avait des imperfections.

— Continuez, dit Maternus, et puisque vous parlez des anciens, usez de cette antique liberté, dont nous avons encore plus dégénéré que de l'antique éloquence.

Nam credo	Car je crois
et Calvum	et Calvus
et Asinium	et Asinius
et Ciceronem ipsum	et Cicéron lui-même
solitos	*avoir été* accoutumés
et invidere	et d'être-jaloux
et livere	et de porter-envie
et affici	et d'être-atteints
ceteris vitiis	de tous-les-autres défauts
infirmitatis humanæ :	de la faiblesse humaine :
arbitror	je pense
Brutum solum	Brutus seul
inter hos	parmi ceux-ci
detexisse	avoir dévoilé
judicium sui animi	le jugement de son âme
non malignitate	non-pas avec-malice
nec invidia,	ni avec-envie,
sed simpliciter	mais sans détour
et ingenue.	et franchement.
An ille	Est-ce que celui-là
invideret	pouvait-être-jaloux
Ciceroni,	de Cicéron,
qui mihi videtur	qui me semble
invidisse	avoir été jaloux
ne quidem Cæsari?	pas même de César?
Quod attinet ad	Pour ce qui concerne
Servium Galbam	Servius Galba
et C. Lælium,	et C. Lélius,
et si non destitit	et si *Aper* n'a-pas cessé
agitare quos alios	d'attaquer quelques autres [ceux-ci,
antiquorum,	des anciens, *pour ce qui concerne*
non exigit defensorem,	*cela* ne réclame pas un défenseur,
cum fatear	puisque j'avoue
quædam defuisse	certaines-choses avoir-manqué
eloquentiæ eorum,	à l'éloquence d'eux,
ut nascenti adhuc	comme naissante encore
nec satis adultæ.	et pas assez formée.
— Perge,	— Continuez,
inquit Maternus,	dit Maternus,
et cum loquaris	et puisque vous parlez
de antiquis,	des anciens,
utere antiqua libertate,	servez-vous de l'antique liberté,
a qua degeneravimus	de laquelle nous-nous-sommes éloignés
vel magis quam	même plus que
ab eloquentia.	de l'*antique* éloquence.

XXVI. « Ceterum si omisso optimo illo et perfectis-
simo genere eloquentiæ eligenda sit forma dicendi,
malim hercle C. Gracchi impetum aut L. Crassi matu-
ritatem quam calamistros Mæcenatis aut tinnitus Gal-
lionis : adeo melius est orationem vel hirta toga induere
quam fucatis et meretriciis vestibus insignire. Neque
enim oratorius iste, immo hercle ne virilis quidem
cultus est, quo plerique temporum nostrorum actores
ita utuntur, ut lascivia verborum et levitate sententiarum
et licentia compositionis histrionales modos exprimant.
Quodque vix auditu fas esse debeat, laudis et gloriæ et
ingenii loco plerique jactant cantari saltarique commentarios suos. Unde oritur illa fœda et præpostera,
sed tamen frequens quibusdam exclamatio, ut oratores

XXVI. « Au reste, s'il fallait renoncer au genre d'éloquence
reconnu pour le meilleur et le plus accompli, et s'il fallait en
choisir un autre, je préférerais encore la fougue de C. Gracchus
ou la maturité de Crassus aux colifichets de Mécène et aux cli-
quetis de Gallion : tant il vaut mieux revêtir l'orateur de l'étoffe
la plus grossière, que de lui donner le fard et les ajustements d'une
courtisane ! Est-elle en effet digne de lui, est-elle même digne d'un
homme, cette parure que recherchent presque tous les avocats de
nos jours, cette coquetterie d'expression, cette frivolité de pensées, ces caprices d'harmonie, qui font du discours une musique
de théâtre? Il est une chose que l'oreille devrait se refuser à
entendre, et dont la plupart se vantent comme d'un succès qui
les honore et prouve leur génie : on chante, disent-ils, et on danse
leurs plaidoyers. De là cette impertinente et honteuse exclama-
tion, si ordinaire dans quelques bouches, à propos de nos ora-

XXVI. « Ceterum	XXVI. « D'ailleurs
si,	si,
illo genere dicendi	ce genre de parler (d'éloquence)
optimo et perfectissimo	le meilleur et le plus-parfait
omisso,	ayant été abandonné,
forma dicendi	un type de parler (d'éloquence)
sit eligenda,	serait (était) devant-être-choisi,
malim hercle	j'aimerais-mieux, par Hercule !
impetum C. Gracchi	la fougue de C. Gracchus
aut maturitatem L. Crassi	ou la maturité de L. Crassus
quam calamistros	que les colifichets
Mæcenatis	de Mécène
aut tinnitus	ou *que* les (le) cliquetis
Gallionis :	de Gallion :
adeo est melius	tellement il est mieux
induere orationem	de revêtir le discours
vel toga hirta	même d'une toge grossière
quam insignire	que de le faire-remarquer
vestibus	par des vêtements
fucatis et meretriciis.	colorés et propres-aux-courtisanes.
Iste cultus enim	Cette parure, en effet,
est neque oratorius,	n'est ni digne-d'un-orateur.
immo hercle	bien plus, par Hercule !
ne quidem virilis,	pas même virile,
quo plerique actores	dont de nombreux avocats
nostrorum temporum	de nos temps
utuntur ita	se servent de-telle-sorte
ut exprimant	qu'ils reproduisent
modos histrionales	les modes-musicaux des-histrions
lascivia verborum,	par la coquetterie de *leurs* expressions,
et levitate sententiarum,	et par la frivolité de *leurs* pensées,
et licentia compositionis.	et par la liberté de *leur* composition.
Quodque debeat vix	Et ce qui devrait à-peine
esse fas auditu,	être chose-permise à entendre,
plerique jactant,	beaucoup se-vantent,
loco laudis	en place (en guise) de louange
et gloriæ et ingenii	et de gloire et de génie
suos commentarios	leurs commentaires
cantari saltarique.	être-chantés et être-dansés.
Unde illa exclamatio	D'où cette exclamation
fœda et præpostera,	honteuse et déplacée,
sed tamen	mais pourtant
frequens quibusdam,	fréquente pour (chez) certains,
oritur,	provient,
ut	à savoir que

nostri tenere dicere, histriones diserte saltare dicantur.
Equidem non negaverim Cassium Severum, quem
solum Aper noster nominare ausus est, si iis compa-
retur, qui postea fuerunt, posse oratorem vocari, quanquam in magna parte librorum suorum plus vis habeat
quam sanguinis. Primus enim contempto ordine
rerum, omissa modestia ac pudore verborum, ipsis
etiam quibus utitur armis incompositus et studio fe-
riendi plerumque dejectus, non pugnat, sed rixatur.
Ceterum, ut dixi, sequentibus comparatus et varietate
eruditionis et lepore urbanitatis et ipsarum virium
robore multum ceteros superat, quorum neminem
Aper nominare et velut in aciem educere sustinuit.

teurs et de nos histrions : « Qu'il plaide voluptueusement!
quelle danse éloquente! » Je ne nierai pas que Cassius Severus,
le seul dont notre ami Aper ait hasardé le nom, ne soit vraiment
un orateur, si on le compare à ceux qui sont venus depuis; encore,
dans une grande partie de ses ouvrages, a-t-il plus de nerf que
de vigueur réelle. Dédaignant le premier toute méthode, laissant
de côté la modestie et la pudeur des mots, portant mal les armes
mêmes qu'il a choisies, et, dans l'ardeur de frapper, culbuté
presque toujours il ne combat point, il querelle. Je le répète
cependant : comparé à ceux qui l'ont suivi, son érudition variée,
l'agrément de ses plaisanteries, la force même de sa constitution,
lui donnent tout l'avantage. Aussi n'en est-il pas un seul parmi
eux qu'Aper ait osé nommer et amener sur le champ de bataille.

nostri oratores	nos orateurs
dicantur	soient (sont) dits
dicere tenere,	parler voluptueusement,
histriones	*et* nos histrions
saltare diserte.	danser éloquemment.
Equidem	A la vérité
non negaverim	je ne nierais pas
Cassium Severum,	Cassius Severus,
quem solum	lequel seul
noster Aper	notre *cher* Aper
ausus est nominare,	a osé nommer,
posse vocari oratorem,	pouvoir être-appelé orateur,
si comparetur iis	s'il est comparé à ceux
qui fuerunt postea,	qui ont existé après (après lui),
quanquam	quoique
in magna parte	dans une grande partie
suorum librorum	de ses ouvrages
habeat plus vis	il ait plus d'énergie
quam sanguinis.	que de vigueur.
Primus enim,	Le premier en effet,
ordine rerum	l'ordre des choses (la méthode)
contempto,	ayant été dédaigné,
modestia verborum	la pudeur des mots
omissa	ayant-été-négligée
ac pudore *verborum*,	ainsi-que la décence *des mots*,
incompositus	désordonné
etiam armis ipsis	même pour les armes mêmes
quibus utitur,	dont il se sert,
et dejectus plerumque	et culbuté souvent
studio feriendi,	par-suite-de-son-ardeur de (à) frapper,
non pugnat,	il ne lutte pas,
sed rixatur.	mais il querelle.
Ceterum,	D'ailleurs,
ut dixi,	comme je l'ai dit,
comparatus sequentibus,	comparé à ceux-qui-le-suivent,
et varietate eruditionis,	et par la variété de l'érudition,
et lepore urbanitatis,	et par l'agrément de la plaisanterie,
et robore	et par la solidité
virium ipsarum,	de *ses* forces mêmes,
superat multum ceteros,	il surpasse de-beaucoup tous-les-autres,
quorum Aper	dont Aper
sustinuit nominare	*n'*a-osé nommer
et velut educere	et comme faire-sortir
in aciem	*pour le mettre* en ligne
neminem.	aucun.

Ego autem exspectabam, ut incusato Asinio et Cælio et
Calvo aliud nobis agmen produceret, pluresque vel
certe totidem nominaret, ex quibus alium Ciceroni,
alium Cæsari, singulis deinde singulos opponeremus.
Nunc detrectasse nominatim antiquos oratores contentus neminem sequentium laudare ausus est nisi in
publicum et in commune, veritus, credo, ne multos
offenderet, si paucos excerpisset. Quotus enim quisque
scholasticorum non hac sua persuasione fruitur, ut se
ante Ciceronem numeret, sed plane post Gabinianum?
At ego non verebor nominare singulos, quo facilius
propositis exemplis appareat, quibus gradibus fracta
sit et deminuta eloquentia.

Or je m'attendais qu'après avoir attaqué Asinius, et Cœlius, et
Calvus, il mettrait en ligne une armée de modernes, et qu'il
produirait, sinon plus, au moins autant de noms célèbres, oppo-
sant l'un à Cicéron, l'autre à César, donnant enfin à chacun son
rival. Mais, content d'avoir individuellement rabaissé les anciens,
il n'a osé louer les nouveaux qu'en général et en masse. Il a
craint, j'imagine, d'en offenser beaucoup, s'il en distinguait un
petit nombre; car quel est celui de nos déclamateurs de l'école,
qui, dans les rêves d'une vanité satisfaite, ne se compte avant
Cicéron, quoique sans doute après Gabinianus? Je ne craindrai
pas, moi, de citer des noms propres, afin qu'ayant des exemples
sous les yeux vous aperceviez plus facilement les progrès de la
décadence.

Autem ego exspectabam ut,	Or moi j'attendais que,
Asinio et Cælio et Calvo incusato,	Asinius et Celius et Calvus ayant été accusé,
produceret nobis	il ferait-sortir pour-nous
aliud agmen,	une autre armée,
nominaretque	et nommerait
plures	de plus nombreux
vel certe	ou assurément
totidem	autant *d'orateurs modernes*
ex quibus	parmi lesquels
opponeremus	nous opposerions
alium Ciceroni,	l'un à Cicéron,
alium Cæsari,	l'autre à César,
deinde	enfin
singulos	tous-séparément
singulis.	à tous-séparément.
Nunc	Maintenant
contentus detrectasse	satisfait d'avoir dénigré
nominatim	en-les-désignant-par-leur-nom
antiquos oratores,	les anciens orateurs,
ausus est laudare	il *n'*a osé louer
neminem sequentium	aucun de ceux-qui-les-suivent
nisi in publicum	si-ce-n'est en général
et in commune,	et en commun,
veritus, credo,	ayant-craint, je crois,
ne offenderet multos,	qu'il *n'en* offensât de nombreux,
si excerpisset	s'il *en* avait-mis-à-part
paucos.	de peu nombreux.
Enim	En effet
quotus quisque	combien peu
scholasticorum	*d'orateurs* d'école
non fruitur	ne jouit (jouissent) pas
hac sua persuasione,	de cette sienne (leur) conviction,
ut se numeret	qu'il (ils) se compte (se comptent)
ante Ciceronem [num?	avant Cicéron,
sed plane post Gabinia-	mais tout-à-fait après Gabinianus?
At ego non verebor	Mais moi je ne craindrai pas
nominare singulos,	de *les* nommer tous séparément,
quo	afin-que-par-là
appareat facilius,	il apparaisse plus-facilement. [yeux,
exemplis propositis,	les exemples ayant-été-mis-sous-les-
quibus gradibus	par quels degrés
eloquentia	l'éloquence
sit fracta et deminuta.	a été brisée et amoindrie.

XXVII. — At parce, inquit Maternus, et potius exsolve promissum. Neque enim hoc colligi desideramus,
disertiores esse antiquos, quod apud me quidem in confesso est, sed causas exquirimus, quas te solitum tractare paulo ante dixisti, tum quidem plane mitior et
eloquentiæ temporum nostrorum minus iratus, antequam te Aper offenderet majores tuos lacessendo.

— Non sum, inquit, offensus Apri disputatione, nec
vos offendi decebit, si quid forte aures vestras perstringat, cum sciatis hanc esse ejus modi sermonum
legem, judicium animi citra damnum affectus proferre. »

XXVIII. Cui Messalla : « Non reconditas, Materne,
causas requiris, nec aut tibi ipsi aut huic Secundo vel
huic Apro ignotas, etiam si mihi partes assignatis

XXVII. « Épargnez-les, dit Maternus, et hâtez-vous plutôt,
d'accomplir votre promesse ; car nous ne voulons pas arriver à
la conclusion que les anciens maniaient plus habilement la
parole : pour moi c'est un fait hors de doute. Ce sont les causes
de ce fait que nous cherchons, et vous avez dit tout à l'heure que
vous y pensiez souvent. Alors vous étiez plus doux et moins irrité
contre l'éloquence de nos temps ; Aper ne vous avait pas encore
offensé en attaquant vos ancêtres.

— Je ne suis pas offensé, dit Messalla, de la critique d'Aper, et
vous ne devez pas l'être davantage, si, dans ce que je vais dire,
quelque mot un peu vif effleurait vos oreilles. Vous savez que la
première loi de ces discussions est d'exprimer le jugement de
son esprit, sans préjudice des sentiments de son cœur. »

XXVIII. Alors Messalla reprit : « Les causes que vous cherchez,
Maternus, ne sont pas difficiles à trouver ; et ni vous, ni Secundus,
ni Aper, ne les ignorez, quoique vous m'ayez choisi pour être

XXVII. — At parce,
inquit Maternus,
et exsolve potius
promissum.
Neque enim desideramus
hoc colligi,
antiquos
esse disertiores,
quod
est apud me quidem
in confesso,
sed exquirimus causas,
quas dixisti
paulo ante
te solitum
tractare,
tum quidem
plane mitior
et minus iratus   [porum,
eloquentiæ nostrorum tem-
antequam Aper
offenderet te
lacessendo tuos majores.
— Non sum, inquit,
offensus disputatione Apri,
nec decebit
vos offendi,
si quid forte
perstringat vestras aures,
cum sciatis
hanc esse legem
sermonum ejus modi,
proferre judicium animi,
citra damnum affectus. »
XXVIII Cui Messalla :
« Non requiris,
Materne,
causas reconditas
nec ignotas
aut tibi ipsi
aut huic Secundo
vel huic Apro,
etiam si
assignatis mihi
partes.

XXVII. — Mais épargnez-*les*,
dit Maternus,
et accomplissez plutôt
votre promesse.
Et en effet nous ne désirons pas
ceci être conclu,
les anciens
être plus habiles *orateurs*,
chose qui
est chez moi à-la-vérité
en aveu,
mais nous recherchons les causes,
que vous avez dit
un peu auparavant (tout-à-l'heure)
vous *avoir-été* accoutumé
à examiner,
étant alors à-la-vérité
tout-à-fait plus-doux
et moins irrité
contre l'éloquence de nos (notre) temps,
avant qu'Aper
offensât vous
en attaquant vos ancêtres *littéraires*.
— Je ne suis pas, dit *Messalla*,
offensé de la discussion d'Aper,
et il ne conviendra pas
vous être offensés,
si quelque-chose par-hasard
froisse vos oreilles,
puisque vous savez
celle-ci être la loi
des entretiens de ce genre,
d'exprimer le jugement de *son* esprit,
en dehors du dommage de l'affection. »
XXVIII. Auquel Messalla *répondit* :
« Vous ne recherchez pas,
Maternus,
des causes obscures
ni ignorées
ou pour vous-même
ou pour ce Secundus *que voici*
ou pour cet Aper *que voici*,
quoique
vous assigniez à moi
les rôles (le rôle)

proferendi in medium quæ omnes sentimus. Quis
enim ignorat et eloquentiam et ceteras artes descivisse
ab illa vetere gloria non inopia hominum, sed desidia
juventutis et neglegentia parentum et inscientia præ-
cipientium et oblivione moris antiqui? Quæ mala
primum in urbe nata, mox per Italiam fusa, jam in
provincias manant. Quanquam vestra vobis notiora
sunt, ego de urbe et his propriis ac vernaculis vitiis
loquar, quæ natos statim excipiunt et per singulos
ætatis gradus cumulantur, si prius de severitate ac disciplina majorum circa educandos formandosque liberos
pauca prædixero. Nam pridem suus cuique filius, ex
casta parente natus, non in cella emptæ nutricis, sed

l'organe de notre pensée commune. Qui ne sait en effet que
l'éloquence, comme les autres arts, est déchue de son ancienne
gloire, non par la disette de talents, mais par la nonchalance de
la jeunesse, la négligence des pères, l'incapacité des maîtres,
l'oubli des mœurs antiques, tous maux qui, nés dans Rome,
répandus bientôt en Italie, commencent enfin à gagner les provinces? Quoique vous connaissiez mieux ce qui se passe plus près
de vous, je parlerai de Rome et des vices particuliers et domestiques qui assaillent notre berceau et s'accumulent à mesure que
nos années s'accroissent; mais auparavant je dirai brièvement
quelle était, en matière d'éducation, la discipline et la sévérité de
nos ancêtres. Et d'abord, le fils né d'un chaste hymen n'était
point élevé dans le servile réduit d'une nourrice achetée, mais
entre les bras et dans le sein d'une mère, dont toute la gloire

proferendi in medium	d'exposer au milieu (au grand jour)
quæ sentimus omnes.	des-choses-que nous pensons tous.
Quis ignorat enim	Qui ignore en-effet
et eloquentiam	et l'éloquence
et ceteras artes	et tous-les-autres arts
descivisse	s'être écartés
ab illa vetere gloria	de cette antique gloire
non inopia hominum,	non par disette d'hommes,
sed desidia juventutis	mais par l'inertie de la jeunesse
et neglegentia parentum	et par la négligence des parents
et inscientia præcipientium	et par l'ignorance des professeurs
et oblivione	et par l'oubli
antiqui moris?	de l'antique usage?
Quæ mala,	Lesquels maux,
nata primum in urbe,	nés d'abord dans la ville (Rome),
fusa mox	répandus bientôt
per Italiam,	à-travers l'Italie,
manant jam	se-répandent déjà
in provincias.	dans les provinces.
Quanquam vestra	Quoique vos-propres-affaires
sunt notiora vobis,	sont (soient) plus connues pour-vous,
ego loquar	je parlerai
de urbe	de la ville (Rome)
et his vitiis	et de ces vices
propriis et vernaculis,	spéciaux (à Rome) et domestiques,
quæ excipiunt	qui s'emparent *de nous*
statim natos,	aussitôt nés,
et cumulantur	et *qui* sont-accumulés
per gradus singulos	à travers les degrés successifs
ætatis,	de la vie,
si prius	si (quand) auparavant
prædixero pauca	j'aurai d'abord-dit-peu-de-choses
de severitate	de la sévérité
et disciplina	et de la discipline
majorum	de *nos* ancêtres
circa liberos	touchant les enfants
educandos	devant-être-instruits
formandosque.	et devant-être-formés.
Nam pridem	En effet autrefois
suus filius cuique,	son-propre fils à chacun,
natus ex casta parente,	né d'une chaste mère,
educabatur	était élevé
non in cella	non pas dans le réduit
nutricis emptæ,	d'une nourrice achetée,
sed gremio et sinu	mais dans le giron et le sein

gremio ac sinu matris educabatur, cujus præcipua laus
erat tueri domum et inservire liberis. Eligebatur
autem major aliqua natu propinqua, cujus probatis
spectatisque moribus omnis ejusdem familiæ suboles
committeretur; coram qua neque dicere fas erat quod
turpe dictu, neque facere quod inhonestum factu videretur. Ac non studia modo curasque, sed remissiones
etiam lususque puerorum sanctitate quadam ac vere-
cundia temperabat. Sic Corneliam Gracchorum, sic
Aureliam Cæsaris, sic Atiam Augusti præfuisse educa-
tionibus ac produxisse principes liberos accepimus.
Quæ disciplina ac severitas eo pertinebat, ut sincera et

était de se dévouer à la garde de sa maison et au soin de ses enfants. On choisissait en outre une parente d'un âge mûr et de
mœurs exemplaires, aux vertus de laquelle étaient confiés tous les
rejetons d'une même famille, et devant qui l'on n'eût osé rien dire
qui blessât la décence, ni rien faire dont l'honneur pût rougir. Et
ce n'étaient pas seulement les études et les travaux de l'enfance,
mais ses délassements et ses jeux, que la mère tempérait par je
ne sais quelle sainte et modeste retenue. Ainsi Cornélie, mère
des Gracques, ainsi Aurélie, mère de César, ainsi Atia, mère
d'Auguste, présidèrent, nous dit-on, à l'éducation de leurs enfants,
dont elles firent de grands hommes. Par l'effet de cette austère
et sage discipline, ces âmes pures et innocentes, dont rien n'avait

matris,	de *sa* mère,
cujus præcipua laus	dont la principale gloire
erat tueri domum	était *de* garder sa maison
et inservire liberis.	et *de* se dévouer à ses enfants.
Autem	Or
aliqua propinqua	quelque parente
major natu	plus-grande par l'âge (plus âgée)
eligebatur,	était choisie,
moribus probatis	aux bonnes-mœurs éprouvées
spectatisque	et reconnues
cujus	de laquelle
omnis suboles	toute la descendance
ejusdem familiæ	de la même famille
committeretur;	devait-être-confiée;
coram qua	en présence de laquelle
erat fas	ce *n*'était chose permise
neque dicere	ni de dire
quod videretur	ce qui pouvait-paraître
turpe dictu,	honteux à dire,
neque facere	ni de faire
quod	ce qui *pourrait-paraître*
inhonestum factu.	déshonorant à faire.
Ac temperabat	Et elle (la mère) tempérait[9]
quadam sanctitate	par une certaine sainteté
ac verecundia	et par une *certaine* retenue
non modo	non seulement
studia curasque,	les études et les travaux,
sed etiam	mais même
remissiones	les délassements
lususque	et les jeux
puerorum.	des enfants.
Accepimus	Nous avons reçu (appris)
Corneliam	Cornélie
præfuisse sic	avoir-présidé ainsi
educationibus	aux éducations (à l'éducation)
Gracchorum,	des Gracques,
Aureliam sic	Aurélie *avoir présidé* ainsi
Cæsaris,	à *l'éducation* de César,
Atiam sic	Atia *avoir-présidé* ainsi
Augusti.	à *l'éducation* d'Auguste,
ac produxisse liberos	et avoir-fait *leurs* enfants
principes.	les premiers *des citoyens*.
Quæ disciplina	Laquelle discipline
ac severitas	et laquelle sévérité
pertinebat eo,	tendait à ceci,

integra et nullis pravitatibus detorta unius cujusque
natura toto statim pectore arriperet artes honestas, et
sive ad rem militarem sive ad juris scientiam sive ad
eloquentiæ studium inclinasset, id solum ageret, id
universum hauriret.

XXIX. « At nunc natus infans delegatur Græculæ ali-
cui ancillæ, cui adjungitur unus aut alter ex omnibus
servis, plerumque vilissimus nec cuiquam serio mi-
nisterio accommodatus. Horum fabulis et erroribus
teneri statim et rudes animi imbuuntur ; nec quisquam
in tota domo pensi habet, quid coram infante domino
aut dicat aut faciat. Quin etiam ipsi parentes nec pro-
bitati neque modestiæ parvulos assuefaciunt, sed lasci-

encore faussé la droiture primitive, saisissaient avidement toutes
les belles connaissances, et, vers quelque science qu'elles se tour-
nassent ensuite, guerre, jurisprudence, art de la parole, elles s'y
livraient sans partage et la dévoraient tout entière.

XXIX. « Aujourd'hui, le nouveau-né est remis aux mains d'une
misérable esclave grecque, à laquelle on adjoint un ou deux de
ses compagnons de servitude, les plus vils d'ordinaire, et les
plus incapables d'aucun emploi sérieux. Leurs contes et leurs
préjugés sont les premiers enseignements que reçoivent des
âmes neuves et ouvertes à toutes les impressions. Nul dans la
maison ne prend garde à ce qu'il dit ni à ce qu'il fait en présence
du jeune maître. Faut-il s'en étonner ? les parents même n'accou-
tument les enfants ni à la sagesse ni à la modestie, mais à une

ut	que
natura unius cujusque	le caractère d'un chacun
sincera et integra	pur et intact
et detorta	et faussé
nullis pravitatibus,	par nuls défauts,
arriperet	saisit
toto pectore	de tout cœur
statim	aussitôt
honestas artes,	les nobles connaissances.
et sive inclinasset	et soit qu'il se tournât
ad rem militarem,	vers la chose militaire,
sive ad scientiam	soit qu'*il se tournât* vers la science
juris,	du droit,
sive ad studium	soit qu'*il se tournât* vers l'étude
eloquentiæ,	de l'éloquence,
ageret id solum,	fit cette-chose seule,
hauriret id universum.	épuisât cette-chose tout-entière.
XXIX. « At nunc	XXIX. « Mais maintenant
infans natus	l'enfant une-fois-né
delegatur	est confié
alicui ancillæ Græculæ,	à quelque servante grecque.
cui	à qui
unus aut alter	un ou un-second (un ou deux)
ex omnibus servis	de tous les esclaves
adjungitur,	est adjoint,
plerumque	souvent
vilissimus	le plus vil
nec accommodatus	et-non propre (impropre)
cuiquam ministerio serio.	à quelque service sérieux.
Animi	Les âmes *des enfants*
statim teneri	aussitôt tendres (encore tendres)
et rudes	et neuves
imbuuntur	sont imbues
fabulis et erroribus	des contes et des préjugés
horum ;	de ceux-ci (les esclaves) :
nec quisquam	ni quelqu'un (et personne)
in tota domo	dans toute la maison
habet pensi	*ne* considère
quid aut dicat	ce que on il peut-dire
aut faciat	ou il peut-faire
coram domino infante.	devant son maître enfant.
Quin etiam	Bien-plus même
parentes ipsi	les parents eux-mêmes
assuefaciunt parvulos	*n'*accoutument *leurs* jeunes-enfants
neque probitati	ni à l'honnêteté

viæ et dicacitati, per quæ paulatim impudentia irrepit
et sui alienique contemptus. Jam vero propria et pecu-
liaria hujus urbis vitia pæne in utero matris concipi
mihi videntur, histrionalis favor et gladiatorum equo-
rumque studia. Quibus occupatus et obsessus animus
quantulum loci bonis artibus relinquit? Quotum
quemque invenies qui domi quicquam aliud loquatur?
Quos alios adulescentulorum sermones excipimus, si
quando auditoria intravimus? Ne præceptores quidem
ullas crebriores cum auditoribus suis fabulas habent;
colligunt enim discipulos non severitate disciplinæ nec
ingenii experimento, sed ambitione salutationum et
illecebris adulationis.

dissipation, à une licence qui engendrent bientôt l'effronterie et
le mépris de soi-même et des autres. Mais Rome a des vices propres et particuliers, qui saisissent en quelque sorte, dès le sein
maternel, l'enfant à peine conçu : je veux dire l'enthousiasme pour
les histrions, le goût effréné des gladiateurs et des chevaux.
Quelle place une âme obsédée, envahie par ces viles passions,
a-t-elle encore pour les arts honnêtes? Combien trouvez-vous de
jeunes gens qui à la maison parlent d'autre chose? et quelles
autres conversations frappent nos oreilles, si nous entrons dans
une école? Les maîtres même n'ont pas avec leurs auditeurs de
plus ordinaire entretien. Car ce n'est point une discipline sévère,
ni un talent éprouvé, ce sont les manèges de l'intrigue et les sé-
ductions de la flatterie qui peuplent leurs auditoires.

neque modestiæ,	ni à la modestie,
sed lasciviæ	mais à une dissipation
et dicacitati	et à une causticité
per quæ	par lesquelles
impudentia	l'effronterie
et contemptus	et le mépris
sui alienique	de soi et d'autrui
irrepit paulatim.	se glisse peu-à-peu.
Vero jam	Mais déjà
vitia	les vices
propria et pecularia	propres et particuliers
hujus urbis	de cette ville (Rome)
videntur mihi	paraissent à moi
concipi	être conçus
pæne in utero matris,	presque dans le sein de la mère,
favor histrionalis	la faveur pour-les-histrions
et studia	et les goûts (le goût)
gladiatorum equorumque.	des gladiateurs et des chevaux.
Quantulum loci	Combien-peu de place
animus	l'âme
occupatus et obsessus	occupée et obsédée
quibus	par lesquelles (ces) choses
relinquit	laisse-t-elle
artibus bonis?	aux arts honnêtes?
Quotum quemque	Combien-peu *de jeunes gens*
invenies	trouverez-vous
qui loquatur	qui parle (parlent)
domi	à la maison
quicquam aliud?	de quelque autre chose?
Quos alios sermones	Quels autres entretiens
adulescentulorum	des tout-jeunes-gens
excipimus	recueillons-nous
si quando	si quelquefois
intravimus auditoria?	nous-sommes-entrés-dans les écoles?
Ne quidem præceptores	Pas même les maîtres
habent	*n*'ont
cum suis auditoribus	avec leurs auditeurs
ullas fabulas crebriores;	quelques entretiens plus-fréquents;
colligunt enim discipulos	ils recueillent en effet des élèves
non severitate disciplinæ,	non par la sévérité de *leur* discipline,
nec experimento ingenii,	ni par la preuve de *leur* talent,
sed ambitione	mais par l'intrigue
salutationum	des visites
et illecebris	et par les séductions
adulationis.	de la flatterie.

XXX. « Transeo prima discentium elementa, in quibus et ipsis parum laboratur : nec in auctoribus cognoscendis nec in evolvenda antiquitate nec in notitia vel hominum vel temporum satis operæ insumitur, sed expetuntur quos rhetoras vocant; quorum professio, quando primum in hanc urbem introducta est quam nullam apud majores nostros auctoritatem habuerit, statim dicturus referam necesse est animum ad eam disciplinam, qua usos esse eos oratores accepimus, quorum infinitus labor et cotidiana meditatio et in omni genere studiorum assiduæ exercitationes ipsorum etiam continentur libris. Notus est vobis utique Ciceronis liber, qui Brutus inscribitur, in cujus extrema parte (nam prior commemorationem veterum oratorum

XXX. « Je passe sur les premiers éléments de l'instruction, qui sont eux-mêmes beaucoup trop négligés; on ne s'occupe point assez de lire les auteurs, ni d'étudier l'antiquité, ni de faire connaissance avec les choses, les hommes ou les temps. On se hâte de courir à ceux qu'on appelle rhéteurs, dont la profession fut introduite à Rome, à quelle époque et avec combien peu de succès auprès de nos ancêtres, je le dirai tout à l'heure. Je dois auparavant reporter ma pensée sur le plan d'études que suivaient ces orateurs, dont les travaux infinis, les méditations journalières, les exercices de tout genre, sont attestés par leurs propres ouvrages. Rien n'est plus connu de nous que le livre de Cicéron intitulé *Brutus*, dans la dernière partie duquel (car l'histoire des anciens orateurs occupe la première) il raconte ses

XXX. « Transeo | XXX. « Je passe-sur
prima elementa | les premiers éléments
discentium, | de ceux qui apprennent,
in quibus et ipsis | dans lesquels aussi eux-mêmes
laboratur parum : | il-est-travaillé pas-assez :
insumitur | il *n*'est consacré
satis operæ | assez de travail
nec in auctoribus | ni dans les auteurs
cognoscendis, | devant être connus,
nec in antiquitate | ni dans l'antiquité
evolvenda, | devant être déroulée,
nec in notitia | ni dans la connaissance
vel hominum | soit des hommes
vel temporum, | soit des temps,
sed expetuntur | mais sont-recherchés
quos vocant rhetoras; | *ceux* qu'on appelle rhéteurs;
dicturus statim | devant-dire tout-de-suite
quam auctoritatem nullam | quelle autorité nulle
professio quorum | la profession desquels *rhéteurs*
habuerit | a eue
apud nostros majores | chez nos ancêtres
quando introducta est | quand elle fut introduite
primum | pour-la-première-fois
in hanc urbem, | dans cette ville (Rome),
est necesse | il est nécessaire
referam animum | que je reporte *mon* esprit
ad eam disciplinam | vers ce plan d'études
qua accepimus | dont nous avons reçu (appris)
eos oratores | ces orateurs
usos esse, | s'être servis,
quorum | desquels
labor infinitus | le travail infini
et meditatio cotidiana | et la méditation quotidienne
et exercitationes assiduæ | et les exercices assidus
in omni genere studiorum | dans tout genre d'études
continentur | sont contenus (décrits)
etiam libris ipsorum. | même dans les livres d'eux-même.
Liber Ciceronis | Le livre de Cicéron
qui inscribitur *Brutus* | qui est-intitulé *Brutus*
est utique notus vobis, | est surtout connu à (de) vous,
in extrema parte | dans la dernière partie
cujus | duquel
(nam prior | (car la première
habet commemorationem | contient la mention
veterum oratorum) | des anciens orateurs)

habet) sua initia, suos gradus, suæ eloquentiæ velut
quandam educationem refert : se apud Q. Mucium jus
civile didicisse, apud Philonem Academicum, apud
Diodotum Stoicum omnes philosophiæ partes penitus
hausisse; neque iis doctoribus contentum, quorum ei
copia in urbe contigerat, Achaiam quoque et Asiam
peragrasse, ut omnem omnium artium varietatem com-
plecteretur. Itaque hercle in libris Ciceronis deprehendere licet, non geometriæ, non musicæ, non gramma-
ticæ, non denique ullius artis ingenuæ scientiam ei
defuisse. Ille dialecticæ subtilitatem, ille moralis partis
utilitatem, ille rerum motus causasque cognoverat. Ita
est enim, optimi viri, ita : ex multa eruditione et plu-

commencements, ses progrès et, pour ainsi dire, l'éducation de
son éloquence. Il apprit le droit civil chez Q. Mucius; l'académi-
cien Philon, Diodote le stoïcien, lui enseignèrent à fond toutes les
parties de la philosophie ; et, non content de cette foule de maîtres
que Rome lui avait offerts, il parcourut la Grèce et l'Asie pour
embrasser le cercle entier des connaissances humaines. Aussi
peut-on remarquer, en lisant Cicéron, que ni la géométrie, ni la
musique, ni la littérature, ni aucune des sciences libérales, ne lui
fut étrangère. Il connut les subtilités de la dialectique, les utiles
préceptes de la morale, la marche et les causes des phénomènes
naturels. Oui, estimables amis, oui, c'est de cette vaste érudition,

refert	*Cicéron* raconte
sua initia,	ses commencements,
suos gradus, [nem	ses degrés (progrès),
velut quandam educatio-	*et* comme une certaine éducation
suæ eloquentiæ :	de son éloquence :
se didicisse	lui avoir-appris
jus civile	le droit civil
apud Q. Mucium,	chez Q. Mucius,
hausisse penitus	*lui* avoir-puisé à-fond
omnes partes philosophiæ	toutes les parties de la philosophie
apud Philonem	chez Philon
Academicum,	l'Académicien,
apud Diodotum Stoicum ;	chez Diodote le Stoïque ;
neque contentum	et ne se contentant pas
iis doctoribus,	de ces maîtres,
quorum copia	dont une grande quantité
contigerat ei	était-échue à lui
in urbe,	dans la ville (Rome),
peragrasse	*lui* avoir-parcouru
Achaiam quoque	la Grèce même
et Asiam,	et l'Asie,
ut complecteretur	pour qu'il embrassât
omnem varietatem	toute la variété
omnium artium.	de toutes les sciences.
Itaque hercle	C'est pourquoi, par Hercule !
licet deprehendere	il-est-permis de remarquer
in libris Ciceronis	dans les livres de Cicéron
non scientiam geometriæ,	non pas la connaissance de la géométrie,
non musicæ,	non pas *la connaissance* de la musique,
non grammaticæ,	non pas *la connaissance* de la littéra-
non denique	non pas enfin *la connaissance* [ture,
ullius artis ingenuæ	d'aucune science libérale
defuisse ei.	avoir-manqué à lui.
Ille cognoverat	Celui-là avait-appris
subtilitatem	la subtilité (les subtilités)
dialecticæ,	de la dialectique,
ille	celui-là *avait appris*
utilitatem	l'utilité
partis	de la partie *de la philosophie*
moralis,	relative-aux-mœurs (la morale),
ille	celui-là *avait appris*
motus causasque	les mouvements et les causes
rerum.	des choses *de la nature.*
Est ita enim,	Il *en* est ainsi, en effet,
viri optimi,	hommes excellents,

rimis artibus et omnium rerum scientia exundat et
exuberat illa admirabilis eloquentia; neque orationis
vis et facultas, sicut ceterarum rerum, angustis et bre-
vibus terminis cluditur, sed is est orator, qui de omni
quæstione pulchre et ornate et ad persuadendum
apte dicere pro dignitate rerum, ad utilitatem temporum, cum voluptate audientium possit.

XXXI. « Hoc sibi illi veteres persuaserant, ad hoc
efficiendum intellegebant opus esse, non ut in rhetorum
scholis declamarent, nec ut fictis nec ullo modo ad
veritatem accedentibus controversiis linguam modo et
vocem exercerent, sed ut iis artibus pectus implerent,

de cette variété d'études, de ce savoir universel, que s'élance et
coule, ainsi qu'un fleuve débordé, cette admirable éloquence.
Et le génie oratoire n'est pas, comme les autres talents, cir-
conscrit dans des limites étroites et resserrées : celui-là est orateur, qui peut sur toute question parler d'une manière élégante,
ornée, persuasive, en ayant égard à la dignité du sujet, à la
convenance des temps, au plaisir des auditeurs.

XXXI. « Voilà ce que se persuadaient les anciens, et, pour
arriver à ce but, ils comprenaient qu'il ne fallait pas déclamer dans
les écoles des rhéteurs, ni s'amuser à des controverses imaginaires
et sans aucun rapport avec la réalité, bonnes tout au plus pour
exercer la langue et la voix, mais nourrir son esprit des sciences

ita :	*il en est* ainsi :
illa admirabilis eloquentia	cette admirable éloquence
exundat et exuberat	s'épanche et déborde
ex multa eruditione	d'une vaste érudition
et artibus plurimis	et de connaissances très-nombreuses
et scientia	et de la science
omnium rerum.	de toutes choses.
Neque vis et facultas	Ni la force et la puissance
orationis	du discours
sicut ceterarum rerum	comme *celle* de toutes-les-autres choses
cluditur	*n*'est enfermée
terminis	dans des limites
angustis et brevibus,	étroites et courtes,
sed is est orator	mais celui-là est orateur
qui possit dicere	qui pourrait parler
de omni quæstione	sur toute question
pulchre	élégamment
et ornate	et d'une manière ornée
et apte	et d'une façon propre
ad persuadendum,	à persuader,
pro dignitate	suivant la dignité
rerum,	des choses (du sujet),
ad utilitatem	suivant l'intérêt
temporum,	des circonstances,
cum voluptate	avec le plaisir
audientium.	des auditeurs.
XXXI. « Illi veteres	XXXI. « Ces anciens
sibi persuaserant	s'étaient persuadé
hoc,	ceci (cela),
intellegebant	ils comprenaient
esse opus	être besoin
ad hoc efficiendum,	pour ceci (cela) devant-être-fait,
non ut declamarent	non pas qu'ils déclamassent
in scholis	dans les écoles
rhetorum,	des rhéteurs,
nec ut exercerent	ni qu'ils exerçassent
linguam et vocem	*leur* langue et *leur* voix
modo	seulement
controversiis fictis	par des controverses imaginaires
nec accedentibus	et n'approchant pas
ullo modo	en quelque façon
ad veritatem,	vers (de) la vérité,
sed ut implerent	mais *être besoin* qu'ils emplissent
pectus	*leur* esprit
iis artibus	de ces sciences

in quibus de bonis ac malis, de honesto et turpi, de
justo et injusto disputatur; hæc enim est oratori sub-
jecta ad dicendum materia. Nam in judiciis fere de
æquitate, in deliberationibus de utilitate, in laudatio-
nibus de honestate disserimus, ita ut plerumque hæc
in vicem misceantur : de quibus copiose et varie et
ornate nemo dicere potest, nisi qui cognovit naturam
humanam et vim virtutum pravitatemque vitiorum et
habet intellectum eorum, quæ nec in virtutibus nec in
vitiis numerantur. Ex his fontibus etiam illa profluunt,
ut facilius iram judicis vel instiget vel leniat, qui scit
quid ira, et promptius ad miserationem impellat, qui

qui traitent du bien et du mal, du juste et de l'injuste, de ce
qui est honnête et de ce qui est honteux. Car telle est la matière
proposée aux discours de l'orateur : devant les tribunaux, il s'agit
ordinairement de l'équité; dans les délibérations, de l'intérêt; dans
les panégyriques, de l'honneur : souvent pourtant ces différents
sujets sont réunis dans un même discours. Or il est impossible d'en
parler avec abondance, variété, élégance, si l'on ne connaît le cœur
humain, la force de la vertu, les excès dont le vice est capable,
enfin ces actes indifférents qui n'appartiennent ni à la vertu ni au
vice. Des mêmes sources découlent encore d'autres avantages :
ainsi on réussira plus facilement à exciter ou à calmer la colère
du juge, quand on saura ce que c'est que la colère; à toucher sa
pitié, quand on saura ce que c'est que la miséricorde, et par

in quibus	dans lesquelles
disputatur	il est discuté
de bonis ac malis,	des biens et *des* maux,
de honesto et turpi,	de l'honnête et *du* honteux,
de justo et injusto :	du juste et de l'injuste ;
hæc materia enim	cette matière en effet
st subjecta oratori	est exposée à l'orateur
ad dicendum.	pour parler.
Nam in judiciis	Car dans les tribunaux
disserimus fere	nous dissertons d'ordinaire
e æquitate,	de la justice,
in deliberationibus	dans les délibérations
de utilitate,	de l'intérêt,
in laudationibus	dans les panégyriques
de honestate,	de l'honneur,
ita ut	de telle manière que (à cela près que)
plerumque	le plus souvent
hæc	ces choses
misceantur in vicem :	sont mêlées tour-à-tour
de quibus	au-sujet desquelles
nemo potest dicere	personne *ne* peut parler
copiose	avec abondance
et varie et ornate,	et avec-variété et avec-élégance,
nisi qui cognovit	si-ce-n'est celui-qui a-appris à-connaître
naturam humanam	la nature humaine
et vim virtutum	et la force des vertus
pravitatemque vitiorum	et la dépravation des vices
et habet	et *qui* a
intellectum eorum	la connaissance de ces choses
quæ numerantur	qui sont-comptées
nec in virtutibus	ni parmi les vertus
nec in vitiis.	ni parmi les vices.
Ex his fontibus	De ces sources
illa etiam profluunt	ces choses mêmes découlent
ut	à savoir que
vel instiget	ou il excite
vel leniat	ou il calme
facilius	plus facilement
iram judicis,	la colère du juge,
qui scit	celui qui sait
quid ira,	ce qu'*est* la colère,
et impellat	et qu'il *le* pousse
promptius	plus facilement
ad miserationem,	à la pitié,
qui scit	celui qui sait

scit quid sit misericordia et quibus animi motibus con-
citetur. In his artibus exercitationibusque versatus
orator, sive apud infestos sive apud cupidos sive apud
invidentes sive apud tristes sive apud timentes dicendum habuerit, tenebit venas animorum, et prout cujusque natura postulabit, adhibebit manum et tempe-
rabit orationem, parato omni instrumento et ad omnem usum reposito. Sunt apud quos adstrictum et col-
lectum et singula statim argumenta concludens dicendi
genus plus fidei meretur : apud hos dedisse operam
dialecticæ proficiet. Alios fusa et æqualis et ex com-
munibus ducta sensibus oratio magis delectat : ad hos

quelles émotions on y conduit les âmes. Riche de ces connaissances et préparé par de tels exercices, l'orateur a-t-il à combattre
la haine, la partialité, l'envie, la mauvaise humeur, la crainte :
sa main tient les rênes dont il gouvernera les esprits; il mesurera
son action, il accommodera son langage à la diversité des carac-
tères, maître qu'il est d'instruments toujours prêts à servir et
aussi variés que ses besoins. Il est des hommes auxquels un discours serré, compact, tirant une conclusion de chacun des arguments, inspire plus de confiance : auprès de ceux-là, l'étude de
la dialectique sera d'un grand secours. D'autres préfèrent une
éloquence abondante, coulant d'un cours égal, puisée à la source
du bon sens universel : pour les émouvoir, nous emprunterons

quid sit misericordia	ce qu'est la miséricorde
et quibus motibus animi	et par quelles émotions de l'âme
concitetur.	elle est excitée.
Orator	L'orateur
versatus in his artibus	versé dans ces sciences
exercitationibusque,	et dans ces exercices, [ler]
sive habuerit dicendum	soit-qu'il aura devant-être-parlé (à par-
apud infestos,	devant des ennemis,
sive	soit-qu'*il aura à parler*
apud cupidos,	devant des *juges* partiaux,
sive	soit-qu'*il aura à parler*
apud invidentes,	devant des envieux,
sive	soit-qu'*il aura à parler*
apud tristes,	devant des *juges* maussades,
sive	soit-qu'*il aura à parler*
apud timentes,	devant des *juges* craintifs,
tenebit	il tiendra
venas animorum	les artères des cœurs
et prout	et selon-que
natura cujusquam	la nature de chacun *des juges*
postulabit,	*le* demandera,
adhibebit manum	il *y* mettra la main
et temperabit orationem,	et règlera son discours,
omni instrumento	tout instrument
parato	ayant été préparé
et reposito	et mis-en-réserve
ad omnem usum.	pour tout usage.
Sunt	*Des hommes* sont (il y a des hommes)
apud quos	devant qui
genus dicendi	une façon de parler
adstrictum	serrée
et collectum	et compacte
et concludens	et tirant-une-conclusion
statim	sur-le-champ
singula argumenta,	*de* tous les arguments séparément,
meretur plus fidei :	obtient plus de confiance :
apud hos	devant ceux-ci
proficiet	il sera utile
dedisse operam	d'avoir donné *son* application
dialecticæ.	à la dialectique.
Oratio fusa	Un discours ample
et æqualis	et soutenu
et ducta	et tiré
ex sensibus communibus	des sens communs (du sens commun)
delectat magis alios :	charme davantage d'autres *hommes* :

permovendos mutuabimur a Peripateticis aptos et in omnem disputationem paratos jam locos. Dabunt Academici pugnacitatem, Plato altitudinem, Xenophon jucunditatem; ne Epicuri quidem et Metrodori honestas quasdam exclamationes assumere iisque, prout res poscit, uti alienum erit oratori. Neque enim sapientem informamus neque Stoicorum comitem, sed eum qui quasdam artes haurire, omnes libare debet. Ideoque et juris civilis scientiam veteres oratores comprehendebant, et grammatica, musica, geometria imbuebantur. Incidunt enim causæ, plurimæ quidem ac pæne omnes, quibus juris notitia desideratur, pleræque autem, in quibus hæc quoque scientia requiritur.

quelque chose aux Péripatéticiens. Ils nous fourniront des développements heureux et appropriés à toute discussion; nous apprendrons la polémique avec l'Académie; Platon nous donnera l'élévation, Xénophon le charme. Tirer même d'Épicure et de Métrodore certaines maximes avouées par la morale, et s'en servir pour le besoin de sa cause, ne sera pas interdit à l'orateur; car nous ne formons pas un sage ni un disciple des Stoïciens, mais un homme qui doit approfondir quelques-unes des sciences et les effleurer toutes. Et voilà pourquoi les anciens orateurs embrassaient dans leurs études la jurisprudence, et prenaient une teinte des belles-lettres, de la musique, de la géométrie. La plupart des causes, pour ne par dire toutes, exigent en effet la connaissance du droit; et il s'en rencontre beaucoup dans lesquelles ces autres sciences sont aussi nécessaires.

ad hos permovendos	pour ceux-ci devant-être-émus
mutuabimur	nous emprunterons
a Peripateticis	des (aux) Péripatéticiens
locos aptos	des développements convenables
et paratos jam	et préparés déjà
in omnem disputationem.	pour toute discussion.
Academici	Les Académiciens
dabunt pugnacitatem,	*nous* donneront l'esprit-de-polémique,
Plato altitudinem,	Platon l'élévation,
Xenophon jucunditatem ;	Xénophon le charme ;
ne erit quidem	il ne sera même pas
alienum oratori	déplacé pour l'orateur
assumere	de s'approprier
quasdam exclamationes	certaines maximes-exclamations
honestas	honnêtes
Epicuri et Metrodori,	d'Épicure et de Métrodore,
utique iis	et de se servir d'elles
prout res poscit.	selon-que la chose (le sujet) *le* demande.
Informamus enim	Nous *ne* formons en effet
neque sapientem,	ni un sage,
neque comitem Stoïcorum,	ni un compagnon des Stoïciens,
sed cum qui	mais-celui qui (un homme qui)
debet	doit
haurire quasdam artes,	épuiser certaines sciences,
libare omnes.	*les* effleurer toutes.
Ideoque	Et pour cette raison
veteres oratores	les anciens orateurs
comprehendebant	embrassaient
scientiam juris civilis,	la science du droit civil,
et imbuebantur	et étaient imprégnés
grammatica,	de littérature,
musica,	de musique,
geometria.	de géométrie.
Causæ enim	Des causes en effet
incidunt,	se rencontrent,
plurimæ quidem,	très-nombreuses à-la-vérité,
ac pæne omnes,	et presque toutes,
quibus	pour lesquelles
notitia juris	la connaissance du droit
desideratur,	est demandée,
autem pleræque	mais beaucoup
in quibus	dans lesquelles (etc.)
hæc scientia	cette science-ci (grammaire, musique,
quoque	aussi
requiritur.	est réclamée.

XXXII. « Nec quisquam respondeat sufficere, ut ad tempus simplex quiddam et uniforme doceamur. Primum autem aliter utimur propriis, aliter commodatis, longeque interesse manifestum est, possideat quis quæ profert an mutuetur. Deinde ipsa multarum artium scientia etiam aliud agentes nos ornat, atque ubi minime credas, eminet et excellit. Idque non doctus modo et prudens auditor, sed etiam populus intellegit ac statim ita laude prosequitur, ut legitime studuisse, ut per omnes eloquentiæ numeros isse, ut denique oratorem esse fateatur; quem non posse aliter exsistere nec exstitisse unquam confirmo, nisi eum qui tamquam in

XXXII. « Qu'on ne dise pas qu'il suffit de se faire donner au moment du besoin une instruction spéciale et restreinte à un seul objet. D'abord nous n'usons pas d'un bien qui nous est prêté comme s'il nous était propre ; et c'est une chose extrêmement différente de posséder ce qu'on emploie, ou bien de l'emprunter. Ensuite la variété même des connaissances nous fournit des beautés que nous ne cherchons pas ; lorsqu'on y pense le moins, elle éclate et frappe les regards. Et ce n'est pas seulement l'auditeur éclairé par le savoir et le goût, c'est le peuple même qui est sensible à ce mérite. Aussi d'unanimes éloges proclament-ils aussitôt que celui qui parle a fait des études complètes, qu'il a parcouru tous les degrés de l'éloquence, en un mot qu'il est orateur. Et je soutiens qu'on ne peut mériter, que jamais on ne mérita ce titre qu'à une condition : c'est que, pareil au guerrier qui marche au combat pourvu de toutes ses armes, on descende au

XXXII. « Nec quisquam	XXXII. « Et que quelqu'un ne
respondeat	réponde pas
sufficere	suffire (qu'il suffise)
doceamur	que nous soyons instruits
ad tempus	pour une circonstance
quiddam simplex	de quelque-chose d'isolé
et uniforme.	et de spécial.
Autem primum	Mais d'abord
utimur aliter	nous usons autrement
propriis,	des choses qui nous sont propres,
aliter	et autrement
commodatis,	des choses qui nous ont été prêtées.
estque manifestum	et il est manifeste
interesse	être-de-la-différence
longe	de loin (beaucoup)
quis possideat	que quelqu'un possède
an mutuetur	ou qu'il emprunte
quæ profert.	les choses qu'il expose.
Deinde scientia ipsa	Ensuite la connaissance même
multarum artium	de nombreuses sciences
ornat nos	enrichit nous
etiam agentes aliud,	même faisant autre-chose,
atque eminet et excellit	et elle éclate et se distingue
ubi credas minime.	où vous le croiriez le-moins.
Nonque modo	Et non seulement
auditor doctus	l'auditeur savant
et prudens,	et expérimenté,
sed etiam populus	mais encore le peuple
intellegit id	comprend cela
ac statim	et aussitôt
prosequitur laude,	l'accompagne (honore) de louange.
ita ut fateatur	de-telle-sorte qu'il proclame [gulière,
studuisse legitime,	l'orateur avoir-étudié d'une-façon-ré-
ut fateatur isse	qu'il proclame l'orateur être-allé
per omnes numeros	par tous les degrés
eloquentiæ,	de l'éloquence,
ut denique	qu'enfin il proclame
fateatur esse oratorem ;	lui être vraiment orateur ;
quem	lequel (orateur)
confirmo	j'affirme
non posse exsistere	ne pas pouvoir exister
nec exstitisse unquam	et n'avoir-existé jamais
aliter	autrement (à une autre condition)
nisi eum qui	si-ce-n'est celui qui
exierit in forum	se-sera-élancé dans le forum

aciem omnibus armis instructus, sic in forum omnibus artibus armatus exierit. Quod adeo neglegitur ab
horum temporum disertis, ut in actionibus eorum
hujus quoque cotidiani sermonis fœda ac pudenda vitia
deprehendantur, ut ignorent leges, non teneant senatus
consulta, jus civitatis ultro derideant, sapientiæ vero
studium et præcepta prudentium penitus reformident.
In paucissimos sensus et angustas sententias detru-
dunt eloquentiam velut expulsam regno suo, ut quæ
olim omnium artium domina pulcherrimo comitatu
pectora implebat, nunc circumcisa et amputata, sine
honore, pæne dixerim sine ingenuitate, quasi una ex
sordidissimis artificiis discatur. Ego hanc primam et

Forum armé de toutes les sciences. Or c'est ce que nos parleurs
modernes négligent à ce point que leurs plaidoyers, déshonorés
par la familiarité la plus triviale, sont pleins de fautes choquantes
et honteuses. Ils ignorent les lois, ne possèdent pas les sénatus-
consultes, sont les premiers à se moquer du droit civil; ils ont
surtout pour l'étude de la sagesse et les préceptes de la philosophie une horreur profonde, d'ailleurs pauvres d'idées et réduisant
à des phrases étriquées l'éloquence, détrônée, pour ainsi dire, et
bannie de son domaine; en sorte que cette science, la reine de
toutes les autres, et qui, entourée jadis de leur brillant cortège,
remplissait l'âme de sa grandeur, rapetissée maintenant et mutilée,
privée de pompe et d'honneurs, presque déchue du rang des arts
libéraux, s'apprend comme un des plus vils et des plus ignobles
métiers. Voilà, selon moi, la première et la principale cause qui

armatus omnibus artibus,	armé de toutes les sciences,
tanquam instructus	comme muni
omnibus armis	de toutes ses armes
in aciem.	pour le combat.
Quod neglegitur	Laquelle-chose est négligée
adeo	à tel point
ab disertis	par les hommes-diserts
horum temporum	de ces temps-ci
ut vitia fœda	que les fautes honteuses
et pudenda	et dont-on-doit-rougir
hujus sermonis	de cette (notre) conversation
cotidiani	quotidienne
deprehendantur	soient (sont) remarquées
in actionibus eorum,	dans les plaidoyers d'eux,
ut ignorent	qu'ils ignorent
leges,	les lois,
non teneant	qu'ils ne possèdent pas
senatus consulta	les sénatus-consultes,
derideant ultro	qu'ils tournent-en-ridicule d'eux-mêmes
jus civitatis	le droit de la cité (civil)
vero reformident	et de-plus qu'ils ont-en-horreur
penitus	profondément
studium sapientiæ	l'étude de la sagesse
et præcepta prudentium.	et les préceptes des sages.
Detrudunt	Ils réduisent
in paucissimos sensus	en de très-rares idées
et sententias angustas	et en des phrases étroites
eloquentiam	l'éloquence
velut expulsam	pour-ainsi-dire chassée
suo regno,	de son royaume,
ut	de telle sorte que
quæ olim,	celle-qui autrefois,
domina omnium artium	maîtresse de toutes les sciences
comitatu pulcherrimo,	avec un cortège très-beau,
implebat pectora,	remplissait les âmes,
nunc circumcisa	maintenant réduite
et amputata,	et mutilée,
sine honore,	sans honneur,
dixerim pæne	je dirais presque
sine ingenuitate,	sans noblesse,
discatur	est apprise
quasi una	comme l'un
ex artificiis sordidissimis.	des métiers les-plus-honteux.
Ego arbitror	Moi j'estime
hanc causam	cette cause

præcipuam causam arbitror, cur in tantum ab eloquentia antiquorum oratorum recesserimus. Si testes
desiderantur, quos potiores nominabo quam apud
Græcos Demosthenem, quem studiosissimum Platonis
auditorem fuisse memoriæ proditum est? Et Cicero his,
ut opinor, verbis refert, quidquid in eloquentia effecerit, id se non rhetorum officinis, sed Academiæ spa-
tiis consecutum. Sunt aliæ causæ magnæ et graves,
quas a vobis aperiri æquum est, quoniam quidem ego
jam meum munus explevi, et quod mihi in consuetu-
dine est, satis multos offendi, quos, si forte hæc au-
dierint, certum habeo dicturos me, dum juris et

nous a écartés si loin de l'éloquence antique. S'il faut des auto-
rités, en pourrai-je citer de plus imposantes que Démosthène
chez les Grecs et Cicéron chez nous? Le premier fut, comme on
sait, un des plus zélés disciples de Platon; et l'autre dit, en propres termes, ce me semble, que, s'il a eu quelques succès en
éloquence, il ne les doit pas aux leçons des rhéteurs, mais aux
promenades de l'Académie. Il est d'autres causes graves et puissantes, que vous trouverez bon d'exposer à votre tour, car j'ai
rempli ma tâche, et, selon mon habitude, je n'ai offensé que trop
de gens, qui, s'ils entendaient ce que je viens de dire, ne manque-

primam et præcipuam,	la première et la principale,
cur	pourquoi (pour laquelle)
recesserimus	nous nous sommes éloignés
in tantum	autant
ab eloquentia	de l'éloquence
oratorum antiquorum.	des orateurs anciens.
Si testes desiderantur,	Si des témoins sont désirés,
quos nominabo	lesquels nommerai-je
potiores	meilleurs
quam apud Græcos	que chez les Grecs
Demosthenem,	Demosthène,
quem	lequel
est proditum	il a été transmis
memoriæ	à la mémoire *des hommes*
fuisse auditorem	avoir été auditeur
studiosissimum	très-zélé
Platonis?	de Platon?
Et Cicero	Et Cicéron
refert	rapporte
his verbis,	en ces termes,
ut opinor,	comme je crois,
quidquid effecerit	tout-ce-qu'il a produit
in eloquentia,	en éloquence,
se consecutum id	lui avoir obtenu cela
non officinis rhetorum	non grâce-aux-officines des rhéteurs
sed spatiis	mais grâce-aux-promenades
Academiæ.	de l'Académie.
Aliæ causæ	D'autres causes
magnæ et graves	puissantes et graves.
sunt,	existent,
quas	lesquelles
æquum est	il est juste
aperiri a vobis,	être exposées par vous,
quoniam quidem	parce-que à-la-vérité
ego explevi jam	moi j'ai rempli déjà
meum munus,	ma charge,
et quod est mihi	et ce-qui est à moi
in consuetudine,	en habitude,
offendi satis multos,	j'ai offensé *des gens* assez nombreux,
quos,	lesquels,
si forte	si par-hasard
audierint	ils entendraient (entendaient)
hæc,	ces choses,
habeo certum	j'ai assuré (je suis sûr)
dicturos	*être* devant-dire

philosophiæ scientiam tamquam oratori necessariam laudo, ineptiis meis plausisse. »

XXXIII. Et Maternus : « Mihi, quidem, inquit, susceptum a te munus adeo peregisse nondum videris, ut inchoasse tantum et velut vestigia ac lineamenta quædam ostendisse videaris. Nam quibus artibus instrui veteres oratores soliti sint, dixisti differentiamque nostræ desidiæ et inscientiæ adversus acerrima et fecundissimā eorum studia demonstrasti : cetera exspecto, ut quemadmodum ex te didici, quid aut illi scierint aut nos nesciamus, ita hoc quoque cognoscam, quibus exercitationibus juvenes jam et forum ingressuri con-

raient pas de prétendre qu'en louant la jurisprudence et la philosophie comme nécessaires à l'orateur, je n'ai fait qu'applaudir aux misères dont je m'occupe.

XXXIII. — Vous me semblez si peu, dit Maternus, avoir accompli votre tâche, que vous n'avez encore, à mon avis, qu'ébauché le tableau et tracé la première esquisse. Vous avez dit de quel fonds s'enrichissaient les anciens orateurs, et vous avez montré notre paresse et notre ignorance en opposition avec leurs études vigoureuses et fécondes. J'attends le reste; et, après avoir appris de vous ce qu'ils savaient et ce que nous ignorons, je voudrais connaître aussi par quels exercices, déjà sortis de l'adolescence et près d'entrer au Forum, ils avaient coutume de fortifier et de

me,	moi,
dum laudo	pendant-que je loue
scientiam juris	la science du droit
et philosophiæ	et de la philosophie
tanquam necessariam	comme nécessaire
oratori,	à l'orateur,
plausisse	avoir applaudi
meis ineptiis. »	à mes sottises. »
XXXIII. Et Maternus :	XXXIII. Et Maternus :
« Videris mihi	« Vous paraissez à moi
adeo	à tel point
nondum peregisse	n'avoir pas encore accompli
munus	la charge (tâche)
susceptum a te,	assumée par vous,
ut videaris	que vous paraissez
tantum inchoasse	seulement avoir commencé
et ostendisse	et avoir montré
velut quædam vestigia	comme certaines traces
et lineamenta.	et *certains* traits.
Nam dixisti	Car vous avez-dit
quibus artibus	de quelles sciences
veteres oratores	les anciens orateurs
soliti sint	ont eu coutume
instrui,	d'être pourvus,
demonstrastique	et vous avez montré
differentiam	la différence
nostræ desidiæ	de notre paresse
et inscientiæ	et de notre ignorance
adversus	en-opposition-avec
studia acerrima	les études très-actives
et fecundissima	et très-fécondes
eorum :	d'eux :
exspecto cetera,	j'attends toutes-les-autres-choses,
ut,	afin que,
quemadmodum	de-la-façon-dont
didici ex te	j'ai appris de vous
quid	quelle-chose
aut illi scierint	ou ceux-là ont sue
aut nos nesciamus,	ou nous nous ignorons,
ita	de même
cognoscam hoc quoque,	je connaisse ceci aussi,
quibus exercitationibus	par quels exercices
jam juvenes	*étant* déjà *des* jeunes-gens
et ingressuri forum	et devant-entrer-dans le forum
soliti sint	ils ont eu coutume

firmare et alere ingenia sua soliti sint. Neque enim solum arte et scientia, sed longe magis facultate et usu eloquentiam contineri, nec tu, puto, abnues et hi significare vultu videntur. »

Deinde cum Aper quoque et Secundus idem annuissent, Messalla quasi rursus incipiens : « Quoniam initia et semina veteris eloquentiæ satis demonstrasse videor, docendo quibus artibus antiqui oratores institui. erudirique soliti sint, persequar nunc exercitationes eorum. Quanquam ipsis artibus inest exercitatio, nec quisquam percipere tot tam reconditas, tam varias res potest, nisi ut scientiæ meditatio, meditationi facultas,

nourrir leur talent. Car c'est bien moins l'art et la théorie que la facilité et l'usage de la parole, qui fait l'orateur; vous ne le nierez pas sans doute, et je lis sur le visage de nos amis que c'est aussi leur pensée. »

Aper et Secundus firent un signe d'approbation, et Messalla, commençant en quelque sorte de nouveau : « Puisque vous trouvez, dit-il, que j'ai assez montré l'origine et les sources de l'ancienne éloquence, en exposant par quelles études les orateurs se formaient alors et cultivaient leur esprit, je parlerai maintenant de leurs exercices pratiques. Du reste, l'étude de tant de sciences est elle-même un exercice anticipé; et il est impossible d'amasser ce grand nombre de connaissances, si profondes et si variées, sans joindre la pratique à la théorie : or

confirmare et alere	*de* fortifier et *de* nourrir
sua ingenia.	leurs talents.
Enim [neri	En effet
neque eloquentiam conti-	et l'éloquence ne pas être contenue
solum	seulement
arte et scientia,	dans l'art et la théorie,
sed longe magis	mais beaucoup plus
facultate	dans la facilité *de parler*
et usu,	et dans l'usage *de la parole,*
nec tu, puto,	ni vous, je pense,
abnues,	vous *ne le* nierez,
et hi	et ceux-ci
videntur	paraissent
significare	*le* donner-à-entendre
vultu. »	par leur mine. »
Deinde,	Ensuite,
cum Aper quoque	comme Aper aussi
et Secundus	et Secundus
annuissent	avaient confirmé-par-un-signe-de-tête
idem,	la même-chose,
Messalla	Messalla
quasi incipiens rursus :	comme commençant de-nouveau.
« Quoniam videor	« Puisque je parais
demonstrasse satis	avoir montré suffisamment
initia et semina	les débuts et les germes
veteris eloquentiæ,	de l'ancienne éloquence,
docendo	en exposant
quibus artibus	par quelles sciences
oratores antiqui	les orateurs antiques
soliti sint	ont eu coutume
institui erudirique,	*d'*être instruits et *d'*être formés,
persequar	j'exposerai-en-détail
nunc	maintenant
exercitationes eorum.	les exercices d'eux.
Quanquam	D'ailleurs
exercitatio	l'exercice
inest artibus ipsis,	est-dans les sciences mêmes,
nec quisquam potest	et quelqu'un ne peut pas
percipere tot res	acquérir tant de choses
tam reconditas,	si profondes,
tam varias,	si variées,
nisi ut	si-ce-n'est à-la-condition-que
meditatio	l'exercice
accedat scientiæ,	se-joigne-à la théorie,
facultas meditationi,	la facilité à l'exercice,

facultati usus eloquentiæ accedat. Per quæ colligitur
eandem esse rationem et percipiendi quæ proferas et
proferendi quæ perceperis. Sed si cui obscuriora hæc
videntur isque scientiam ab exercitatione separat, illud
certe concedet, instructum et plenum his artibus animum longe paratiorem ad eas exercitationes ventu-
rum, quæ propriæ esse oratorum videntur.

XXXIV. « Ergo apud majores nostros juvenis ille,
qui foro et eloquentiæ parabatur, imbutus jam domestica disciplina, refertus honestis studiis deducebatur a
patre vel a propinquis ad eum oratorem, qui principem in civitate locum obtinebat. Hunc sectari, hunc
prosequi, hujus omnibus dictionibus interesse sive in

---

la pratique produit la facilité de parler, et cette facilité conduit à
la haute éloquence; d'où l'on peut conclure que c'est une opéra-
tion toute semblable, d'acquérir des idées que l'on exprimera, ou
de les exprimer quand elles sont acquises. Mais si l'on trouve
ce raisonnement obscur, et que l'on sépare la théorie de la pratique, on conviendra du moins qu'un esprit déjà riche de ce
fonds d'instruction arrivera bien mieux préparé aux exercices
qui appartiennent plus directement à l'orateur.

XXXIV. « Anciennement donc, le jeune homme qui se destinait
aux travaux du Forum et à l'art oratoire, formé déjà par l'éducation domestique et nourri des plus belles études, était conduit
par son père ou ses proches à l'orateur qui tenait alors le rang le
plus distingué. Il fréquentait sa maison, accompagnait sa personne,
assistait à tous ses discours, soit devant les juges, soit à la tri-

usus eloquentiæ	l'usage de l'éloquence
facultati.	à la facilité *de parler*.
Per quæ	Par lesquelles-choses
colligitur	il est conclu
eandem rationem esse	la même méthode être
et percipiendi	et *la méthode* d'acquérir
quæ proferas	des-choses que vous puissiez-exprimer
et proferendi	et *la méthode* d'exprimer
quæ perceperis.	les-choses-que vous avez acquises.
Sed si hæc	Mais si ces-choses
videntur obscuriora	paraissent trop-obscures
cui,	à quelqu'un,
isque separat	et si celui-ci sépare
scientiam ab exercitatione,	la théorie de la pratique,
concedet certe illud,	il accordera certainement cela (ceci),
animum	un esprit
instructum et plenum	muni et plein
his artibus	de ces sciences
venturum	*être* devant-venir
longe paratiorem	beaucoup plus préparé
ad eas exercitationes	vers ces exercices
quæ videntur	qui paraissent
esse propriæ	être *les exercices* propres
oratorum.	des orateurs.
XXXIV. « Ergo	XXXIV. « Donc
apud nostros majores	chez nos ancêtres
ille juvenis	ce jeune homme
qui parabatur	qui était-préparé
foro et eloquentiæ,	au forum et à l'éloquence,
imbutus jam	pénétré déjà
disciplina domestica,	de l'éducation domestique,
refertus honestis studiis	riche en nobles études,
deducebatur a patre	était conduit par son père
vel a propinquis	ou par des parents
ad eum oratorem	vers cet orateur
qui obtinebat	qui possédait
principem locum	le premier rang
in civitate.	dans la cité.
Assuescebat	Il prenait-l'habitude
sectari	*de* fréquenter
hunc,	celui-ci,
prosequi hunc,	d'accompagner celui-ci,
interesse	d'assister
omnibus dictionibus hujus,	à tous les discours de celui-ci,
sive in judiciis,	soit dans les tribunaux,

judiciis sive in contionibus assuescebat, ita ut altercationes quoque exciperet et jurgiis interesset utque sic dixerim, pugnare in prœlio disceret. Magnus ex hoc usus, multum constantiæ, plurimum judicii juvenibus statim contingebat, in media luce studentibus atque inter ipsa discrimina, ubi nemo impune stulte aliquid aut contrarie dicit, quo minus et judex respuat et adversarius exprobret, ipsi denique advocati aspernentur. Igitur vera statim et incorrupta eloquentia imbuebantur; et quanquam unum sequerentur, tamen omnes ejusdem ætatis patronos in plurimis et causis et judiciis cognoscebant; habebantque ipsius populi diversissimarum aurium copiam, ex qua facile deprehende-

bune aux harangues, également témoin de l'attaque et de la réplique, présent aux luttes animées de la parole, et apprenant, pour ainsi dire, la guerre sur le champ de bataille. De là résultait pour les jeunes gens une grande expérience, beaucoup d'assurance, une grande finesse de tact, étudiant, comme ils faisaient, à la face du jour et sur un théâtre orageux, où il ne pouvait échapper une sottise ou une contradiction qui ne fût repoussée par les juges, relevée par l'adversaire, condamnée même par les amis de l'orateur. Aussi prenaient-ils de bonne heure le goût d'une éloquence naturelle et vraie; et, quoiqu'ils ne suivissent qu'un seul patron, ils faisaient connaissance, dans une foule de causes et devant des tribunaux divers, avec tous les talents contemporains; et ils entendaient encore les jugements si variés de l'opinion publique, qui les avertissait clairement de ce

sive in contionibus,	soit dans les assemblées,
ita ut exciperet	de-telle-sorte qu'il recueillît
altercationes quoque	*ses* altercations même
et interesset	et assistât
jurgiis,	à *ses* querelles,
utque dixerim sic,	et-pour-que j'aie dit (je dise) ainsi,
disceret in prœlio	*qu'*il apprît dans le combat
pugnare.	à combattre.
Magnus usus,	Un grand usage *de la parole*,
multum constantiæ,	beaucoup d'assurance,
plurimum judicii	beaucoup de discernement
contingebat statim	arrivait aussitôt
ex hoc	de cette chose
juvenibus	aux jeunes gens
studentibus	étudiant
in media luce	en pleine lumière
atque	et
inter discrimina ipsa,	dans les dangers eux-mêmes,
ubi nemo	*là* où personne
dicit impune	*ne* dit impunément
aliquid	quelque chose
stulte	d'une façon-sotte
aut contrarie,	ou avec-contradiction,
quo minus	de peur que
et judex respuat	et *que* le juge *ne le* repousse
et adversarius exprobret,	et *que* l'adversaire *ne le* reproche,
denique	*et qu'*enfin
advocati ipsi	ceux-qui-l'assistent eux-mêmes
aspernentur.	*ne le* méprisent.
Igitur	Donc
imbuebantur statim	ils-étaient-imprégnés aussitôt
eloquentia vera	d'une éloquence vraie
et incorrupta;	et non-corrompue;
et quanquam	et quoique
sequerentur unum.	ils suivissent un-seul *patron*,
tamen	cependant
cognoscebant	ils connaissaient
omnes patronos	tous les patrons
ejusdem ætatis	de la même époque
in plurimis et causis	dans de très nombreuses et causes
et judiciis;	et juridictions;
habebantque	et ils avaient
copiam	la ressource
aurium diversissimarum	des goûts très-divers
populi ipsius,	du peuple lui-même,

rent, quid in quoque vel probaretur vel displiceret. Ita
nec præceptor deerat, optimus quidem et electissimus,
qui faciem eloquentiæ, non imaginem præstaret, nec
adversarii et æmuli ferro, non rudibus dimicantes, nec
auditorium semper plenum, semper novum ex invidis
et faventibus, ut nec male nec bene dicta dissimula-
rentur. Scitis enim magnam illam et duraturam eloquentiæ famam non minus in diversis subselliis parari
quam in suis; inde quin immo constantius surgere,
ibi fidelius corroborari. Atque hercule sub ejus modi

qu'on trouvait dans chacun à louer ou à reprendre. Ce n'était
donc point un maître qui leur manquait : ils en avaient un excel-
lent, un maître choisi, qui présentait à leurs regards l'éloquence
elle-même et non sa vaine image; ils voyaient des adversaires et
des rivaux combattre avec le glaive, au lieu d'escrimer avec la
baguette; ils fréquentaient un auditoire toujours plein, toujours
renouvelé, où l'envie prenait place comme la faveur, où les beautés n'étaient pas plus dissimulées que les fautes. Car, vous le savez, les grandes et durables réputations oratoires ne s'établissent
pas moins sur les bancs opposés que sur les nôtres; c'est même
là qu'elles s'élèvent avec plus de vigueur, qu'elles poussent de
plus profondes racines. Sous l'influence de tels enseignements, le

ex qua	d'après laquelle
deprehenderent	ils pussent-comprendre
facile	facilement
quid in quoque	quelle-chose en chacun *des orateurs*
vel probaretur	ou était approuvée
vel displiceret.	ou déplaisait.
Ita	Ainsi
nec præceptor	ni un maître
deerat,	*ne* manquait,
optimus quidem	excellent à-la-vérité
et electissimus,	et très-distingué,
qui præstaret	qui pût-montrer
faciem,	le visage,
non imaginem	*et* non l'image
eloquentiæ,	de l'éloquence,
nec adversarii	ni des adversaires
et æmuli	et des rivaux
dimicantes ferro,	combattant avec-le-fer,
non rudibus,	*et* non avec-des-baguettes,
deerant,	*ne manquaient,*
nec auditorium,	ni un auditoire
semper plenum,	toujours plein,
semper novum,	toujours renouvelé,
ex invidis	*composé* d'envieux
et faventibus,	et de gens-favorisant *l'orateur,*
ut	de telle sorte que
nec male dicta,	ni les choses mal dites,
nec bene	ni *les choses* bien *dites*
dissimularentur.	*n'*étaient dissimulées.
Scitis enim	Vous savez en effet
illam famam	cette renommée
magnam et duraturam	grande et durable
eloquentiæ	d'éloquence
parari	être acquise
non minus	non moins
in subselliis diversis	sur les bancs opposés
quam in suis;	que sur les-siens ;
quin immo	bien-plus même
inde	de là (des bancs opposés)
surgere	*cette renommée* s'élever
constantius,	d'une façon plus solide,
ibi	là
corroborari	*elle* être fortifiée
fidelius.	d'une-façon-plus-durable.
Atque hercule	Et, par Hercule !

præceptoribus juvenis ille, de quo loquimur, oratorum discipulus, fori auditor, sectator judiciorum, eru-
ditus et assuefactus alienis experimentis, cui cotidie
audienti notæ leges, non novi judicum vultus, frequens
in oculis consuetudo contionum, sæpe cognitæ populi
aures, sive accusationem susceperat sive defensionem,
solus statim et unus cuicumque causæ par erat. Nono
decimo ætatis anno L. Crassus C. Carbonem, uno et vicesimo Cæsar Dolabellam, altero et vicesimo Asinius
Pollio C. Catonem, non multum ætate antecedens Calvus Vatinium iis orationibus insecuti sunt, quas hodie
quoque cum admiratione legimus.   .

XXXV. « At nunc adulescentuli nostri deducuntur

jeune homme dont nous parlons, disciple des orateurs, élève du
Forum, auditeur des tribunaux, aguerri et formé par les épreuves
d'autrui, connaissant les lois pour les entendre expliquer chaque
jour, familiarisé d'avance avec la figure des juges, habitué au
spectacle des assemblées populaires, ayant remarqué souvent ce
que désirait l'oreille des Romains, pouvait hardiment accuser ou
défendre : seul et sans secours, il suffisait d'abord à la cause la
plus importante. Crassus avait dix-neuf ans, César vingt et un,
Asinius Pollion vingt-deux, Calvus n'en avait pas beaucoup plus,
lorsqu'ils attaquèrent, l'un Carbon, l'autre Dolabella, le troisième
C. Caton, le dernier Vatinius, par ces discours que nous lisons
encore aujourd'hui avec admiration.

XXXV. « Maintenant nos jeunes élèves sont conduits aux thé âtre

sub præceptoribus	sous des maîtres
ejus modi	de ce genre
ille juvenis,	ce jeune-homme,
de quo loquimur,	au-sujet-duquel nous parlons,
discipulus oratorum,	disciple des orateurs,
auditor fori,	auditeur du forum,
sectator judiciorum,	hôte-assidu des tribunaux,
eruditus et assuefactus	instruit et habitué
experimentis alienis,	par les expériences d'autrui,
cui	à qui
audienti cotidie	*les* entendant chaque jour
leges notæ,	les lois *étaient* familières,
vultus judicum	les visages des juges
non novi,	non nouveaux,
consuetudo contionum	l'usage des assemblées
frequens in oculis,	fréquent dans (sous) les yeux,
aures populi	les goûts du peuple
sæpe cognitæ,	souvent connus,
solus et unus	seul et non-secondé
erat par cuicumque causæ	était égal à quelque cause que ce fût
statim,	aussitôt,
sive susceperat	soit qu'il avait (eût) entrepris
accusationem,	une accusation,
sive defensionem.	soit-qu'il *eût entrepris* une défense.
L. Crassus	L. Crassus
nono decimo anno ætatis,	dans la dix-neuvième année de *son* âge,
Cæsar	César
uno et vicesimo,	dans la vingt-et-unième,
Asinius Pollio	Asinius Pollion
altero et vicesimo,	dans la vingt-deuxième,
Calvus	Calvus
non antecedens multum	ne *les* dépassant pas beaucoup
ætate,	en âge,
insecuti sunt	ont attaqué
C. Carbonem,	*L. Crassus* C. Carbon,
Dolabellam,	*César* Dolabella,
C. Catonem,	*Asinius Pollion* C. Caton,
Vatinium,	*Calvus* Vatinius,
iis orationibus	par ces discours
quas legimus	que nous lisons
hodie quoque	aujourd'hui même
cum admiratione.	avec admiration.
XXXV. « At nunc	XXXV. « Mais maintenant
nostri adulescentuli	nos tout-jeunes-gens
deducuntur	sont conduits

in scholas istorum, qui rhetores vocantur, quos paulo
ante Ciceronis tempora exstitisse nec placuisse majoribus nostris ex eo manifestum est, quod a Crasso et
Domitio censoribus cludere, ut ait Cicero, ludum
impudentiæ jussi sunt. Sed, ut dicere institueram,
deducuntur in scholas, in quibus non facile dixerim
utrumne locus ipse an condiscipuli an genus studiorum plus mali ingeniis afferant. Nam in loco nihil
reverentiæ est, in quem nemo nisi æque imperitus
intret; in condiscipulis nihil profectus, cum pueri
inter pueros et adulescentuli inter adulescentulos pari
securitate et dicant et audiantur; ipsæ vero exercita-

de ces comédiens, nommés rhéteurs, qui apparurent peu avant
l'époque de Cicéron et ne plurent pas à nos ancêtres, puisqu'un
édit des censeurs Crassus et Domitius ferma, comme parle Cicéron, cette école d'impudence. Nos enfants donc, pour revenir à
notre propos, sont menés à ces écoles, où je ne saurais dire ce
qui, du lieu même, ou des condisciples, ou du genre d'études,
est le plus propre à leur gâter l'esprit. D'abord le lieu n'inspire
aucun respect; tous ceux qui le fréquentent sont également ignorants. Puis nul profit à tirer de condisciples, enfants eux-mêmes
ou à peine sortis de l'enfance, devant qui l'on parle, comme ils
écoutent, avec toute la sécurité de cet âge. Quant aux exercices,
ils vont en grande partie contre leur but. Deux sortes de matières

in scholas istorum,	dans les écoles de ceux-là,
qui vocantur rhetores,	qui sont-appelés rhéteurs,
quos est manifestum	lesquels il est manifeste
exstitisse	avoir apparu
paulo ante tempora	peu avant les temps
Ciceronis	de Cicéron
nec placuisse	et n'avoir pas plu
nostris majoribus,	à nos ancêtres,
ex eo	d'après ce-fait
quod	que
jussi sunt	ils reçurent-l'ordre
a Crasso et Domitio	de Crassus et de Domitius
censoribus	censeurs
cludere,	de fermer,
ut ait Cicero,	comme dit Cicéron,
ludum impudentiæ.	*cette* école d'impudence.
Sed,	Mais,
ut institueram dicere,	comme j'avais commencé à dire,
deducuntur in scholas,	ils sont-conduits dans des écoles,
in quibus	dans lesquelles
non dixerim facile	je ne dirais pas facilement
utrumne	si
locus ipse	l'endroit lui-même
an condiscipuli	ou les condisciples
an genus studiorum	ou le genre d'études
afferant plus mali	apportent plus de mal
ingeniis.	aux esprits.
Nam	Car
nihil reverentiæ	rien de respect (aucun respect)
est in loco	est dans (pour) un endroit
in quem	dans lequel
nemo intret	personne n'entrerait
nisi æque imperitus;	si ce n'est également ignorant;
nihil profectus	rien de profit (aucun profit)
in condiscipulis,	*n'est* dans les condisciples,
cum pueri	puisque des enfants
et dicant	et parlent
et audiantur	et sont écoutés
inter pueros	parmi des enfants
et adulescentuli	et de tout-jeunes-gens
inter adulescentulos	parmi de tout-jeunes-gens
pari securitate;	avec une égale sécurité;
vero	mais
exercitationes ipsæ	les exercices eux-mêmes
contrariæ	sont contraires *à leur but*

tiones magna ex parte contrariæ. Nempe enim duo
genera materiarum apud rhetoras tractantur, suasoriæ
et controversiæ. Ex his suasoriæ quidem, tanquam
plane leviores et minus prudentiæ exigentes, pueris
delegantur, controversiæ robustioribus assignantur,
quales, per fidem, et quam incredibiliter compositæ!
Sequitur autem, ut materiæ abhorrenti a veritate
declamatio quoque adhibeatur. Sic fit ut tyrannici-
darum præmia aut vitiatarum electiones aut pestilentiæ
remedia aut incesta matrum aut quidquid in schola
cotidie agitur, in foro vel raro vel nunquam, ingen-
tibus verbis persequantur : cum ad veros judices
ventum***. »

XXXVI. « *** rem cogitant. Nihil humile vel abje-

sont traitées chez les rhéteurs, les délibératives (*suasoriæ*) et les
judiciaires (*controversiæ*). La première espèce, comme plus
facile et demandant moins de connaissances, est abandonnée aux
enfants. Les controverses sont réservées aux plus forts; mais
quelles controverses, bons dieux! et quelles incroyables supposi-
tions! Or, avec des sujets où rien ne ressemble à la vérité, on ne
doit attendre qu'un style déclamatoire et faux. C'est ainsi que les
récompenses des tyrannicides, l'alternative offerte aux filles outra-
gées, les remèdes à la peste, les fils déshonorant le lit maternel,
et toutes ces questions qui s'agitent chaque jour dans l'école,
rarement ou jamais devant les tribunaux, sont discutées par les
élèves en termes emphatiques. Mais lorsqu'ils sont en présence de
véritables juges.... »

XXXVI « .... Ils méditent la question. Il ne pouvait rien dire de

ex magna parte.	d'une (en) grande partie.
Nempe enim	C'est-qu'en-effet
duo genera materiarum	deux genres de matières
tractantur	sont traitées
apud rhetoras,	chez les rhéteurs.
suasoriæ	celles du genre délibératif
et controversiæ.	et les controverses (genre judiciaire).
Ex his	Parmi celles-ci,
suasoriæ	celles du genre délibératif
quidem,	à la vérité,
tanquam	comme
plane leviores	tout-à-fait plus-faciles
et exigentes	et exigeant
minus prudentiæ,	moins d'expérience,
delegantur pueris,	sont confiées aux enfants,
controversiæ	les controverses
assignantur	sont attribuées
robustioribus,	à *des élèves* plus forts,
quales,	quelles *controverses*.
per fidem !	par la protection des dieux !
et compositæ	et composées
quam incredibiliter !	de quelle façon incroyable !
Autem sequitur	Or il s'ensuit
ut declamatio quoque	que la déclamation aussi
adhibeatur	est ajoutée
materiæ	à un sujet
abhorrenti a veritate.	s'écartant de la vérité.
Fit sic ut	Il arrive ainsi que
præmia tyrannicidarum	les récompenses des tyrannicides
aut electiones vitiatarum	ou les choix des *filles* outragées
aut remedia pestilentiæ	ou les remèdes de la peste
aut incesta matrum	ou les incestes des mères
aut quidquid agitur	ou tout ce qui est agité
cotidie in schola,	chaque jour dans l'école,
in foro	dans le forum
vel raro	ou rarement
vel nunquam,	ou jamais,
persequantur	soient traités entièrement
verbis ingentibus :	en termes emphatiques :
cum ventum *est*	quand il *est* venu (on vient)
ad veros judices...	vers de vrais juges....
XXXVI.... cogitant rem.	XXXVI...... ils méditent la chose.
Poterat eloqui	Il *ne* pouvait dire
nihil humile	rien de bas
vel abjectum.	ou de trivial.

ctum eloqui poterat. Magna eloquentia, sicut flamma,
materia alitur et motibus excitatur et urendo clarescit.
Eadem ratio in nostra quoque civitate antiquorum
eloquentiam provexit. Nam etsi horum quoque temporum oratores ea consecuti sunt, quæ composita et
quieta et beata re publica tribui fas erat, tamen illa
perturbatione ac licentia plura sibi assequi videbantur, cum mixtis omnibus et moderatore uno caren-
tibus tantum quisque orator saperet, quantum erranti
populo persuadere poterat. Hinc leges assiduæ et
populare nomen, hinc contiones magistratuum pæne
pernoctantium in rostris, hinc accusationes potentium
reorum et assignatæ etiam domibus inimicitiæ, hinc

bas ni de rampant. La grande éloquence est comme la flamme : il
faut des aliments pour la nourrir, du mouvement pour l'exciter :
c'est en brûlant qu'elle jette de l'éclat. Les mêmes causes favori-
sèrent aussi chez nos aïeux le talent de la parole. Les orateurs
de nos jours ont sans doute obtenu les succès qu'ils pouvaient se
promettre sous un gouvernement régulier, paisible et heureux.
Toutefois la licence et les troubles semblaient ouvrir de plus
vastes espérances, alors que, tout étant confondu et l'État man-
quant d'un modérateur unique, chaque orateur était goûté en
proportion de l'ascendant qu'il exerçait sur un peuple abandonné
à lui-même. De là ces continuelles propositions de lois et cette
ambition de popularité; de là ces harangues de magistrats qui
passaient presque la nuit à la tribune; de là ces accusations contre
les hommes les plus puissants et ces inimitiés qui s'étendaient à

Magna eloquentia,	La grande éloquence,
sicut flamma,	comme la flamme,
alitur materia	est nourrie par la matière
et excitatur motibus	et est-excitée par les mouvements
et clarescit urendo.	et devient-brillante en-brûlant.
Eadem ratio	La même cause
provexit	éleva
in nostra civitate	dans notre cité
quoque	aussi
eloquentiam antiquorum.	l'éloquence des anciens.
Nam etsi oratores	Car quoique les orateurs
horum temporum	de ces temps-ci
quoque	aussi
consecuti sunt ea	aient-obtenu ces-choses
quæ tribui	lesquelles être accordées
erat fas	était chose-permise
in re publica	dans une république
composita	paisible
et quieta	et tranquille
et beata,	et heureuse,
tamen	cependant
videbantur	*les orateurs anciens* paraissaient
assequi sibi	obtenir pour eux
plura	plus de choses
illa perturbatione	dans ce trouble
ac licentia,	et dans *cette* licence,
cum	alors que
omnibus mixtis	toutes-choses étant-bouleversées
et carentibus	et manquant
moderatore uno	d'un modérateur unique
quisque orator	chaque orateur
saperet tantum	avait-du-goût (était goûté) autant
quantum	que
poterat persuadere	il pouvait convaincre
populo erranti.	le peuple hésitant.
Hinc leges assiduæ	De-là les lois continuelles
et nomen populare,	et le nom populaire,
hinc contiones	de-là les harangues
magistratuum	des magistrats
pernoctantium pæne	passant-la-nuit presque
in rostris,	sur les rostres (la tribune),
hinc accusationes	de-là les accusations
reorum potentium	d'accusés puissants
et inimicitiæ	et les haines
assignatæ domibus etiam,	attachées aux familles même,

procerum factiones et assidua senatus adversus plebem
certamina. Quæ singula etsi distrahebant rem publicam, exercebant tamen illorum temporum eloquentiam
et magnis cumulare præmiis videbantur, quia quanto
quisque plus dicendo poterat, tanto facilius honores
assequebatur, tanto magis in ipsis honoribus collegas
suos anteibat, tanto plus apud principes gratiæ, plus
auctoritatis apud patres, plus notitiæ ac nominis apud
plebem parabat. Hi clientelis etiam exterarum natio-
num redundabant, hos ituri in provincias magistratus
reverebantur, hos reversi colebant, hos et præturæ et
consulatus vocare ultro videbantur, hi ne privati quidem sine potestate erant, cum et populum et senatum

des familles entières; de là enfin les factions des grands et les
querelles sans cesse renouvelées du peuple et du sénat : toutes
choses qui, en déchirant la république, ne laissaient pas d'exercer
l'éloquence et de lui offrir de brillants avantages. Plus un citoyen
était puissant par la parole, plus aussi l'accès des honneurs lui
était facile; plus, dans les honneurs mêmes, il l'emportait sur ses
collègues; plus il avait de crédit auprès des grands, d'autorité
dans le sénat, de réputation et de célébrité parmi le peuple.
Voilà ceux dont l'immense clientèle embrassait des nations étran-
gères; ceux que tout gouverneur de province honorait avant son
départ, cultivait après son retour; ceux au-devant de qui semblaient
venir les prétures et les consulats. Même dans la condition privée,
ils n'étaient pas sans pouvoir, puisqu'ils gouvernaient le peuple

hinc factiones procerum	de-là les factions des grands
et certamina assidua	et les luttes continuelles
senatus	du sénat
adversus plebem.	contre la plèbe.
Quæ singula	Lesquelles-choses· toutes-séparément
etsi	quoique
distrahebant	elles déchiraient (déchirassent)
rem publicam.	la république.
exercebant tamen	exerçaient pourtant
eloquentiam	l'éloquence
illorum temporum	de ces temps-là
et videbantur	et paraissaient
cumulare	la combler
magnis præmiis,	de grandes récompenses,
quia quisque	parce que chacun
assequebatur honores	acquérait les honneurs
tanto facilius,	d'autant plus-facilement,
anteibat tanto magis	surpassait d'autant plus
suos collegas	ses collègues
in honoribus ipsis.	dans les honneurs mêmes.
parabat	acquérait
tanto plus gratiæ	d'autant plus de faveur
apud principes,	chez les grands,
plus auctoritatis	*d'autant* plus d'autorité
apud patres,	chez les sénateurs,
plus notitiæ	*d'autant* plus de réputation
ac nominis	et de renom
apud plebem,	chez la plèbe,
quanto poterat plus	qu'il pouvait davantage
dicendo.	en parlant.
Hi	Ceux-ci (ces orateurs)
redundabant clientelis	abondaient en clientèles
nationum exterarum etiam,	de nations étrangères même,
magistratus	les magistrats
ituri in provincias	devant aller dans les provinces
reverebantur hos,	avaient-des-égards-pour ceux-ci,
reversi	revenus
colebant hos,	ils cultivaient ceux-ci,
et præturæ	et les prétures
et consulatus	et les consulats
videbantur	paraissaient
vocare ultro hos,	appeler d'eux-mêmes ceux-ci,
hi	ceux-ci
ne quidem privati	pas même étant-simples-particuliers
erant sine potestate,	n'étaient pas sans pouvoir,

consilio et auctoritate regerent. Quin immo sibi ipsi
persuaserant neminem sine eloquentia aut assequi
posse in civitate aut tueri conspicuum et eminentem
locum. Nec mirum, cum etiam inviti ad populum pro-
ducerentur, cum parum esset in senatu breviter
censere, nisi quis ingenio et eloquentia sententiam
suam tueretur, cum in aliquam invidiam aut crimen
vocati sua voce respondendum haberent, cum testi-
monia quoque in judiciis non absentes nec per tabel-
lam dare, sed coram et præsentes dicere cogerentur.
Ita ad summa eloquentiæ præmia magna etiam neces-

---

et le sénat par leurs conseils et leur influence. Je dis plus : nos
aïeux étaient persuadés que sans l'éloquence on ne pouvait, dans
Rome, atteindre ou se maintenir à un rang brillant et distingué.
Et cette opinion était naturelle, dans un temps où l'on pouvait
être, même contre son gré, conduit à la tribune: où c'était peu
d'opiner brièvement dans le sénat, si l'on ne soutenait son avis
par le talent et la parole; où l'homme accusé ou en butte à la
prévention devait répondre par sa propre bouche: où de simples
témoignages demandaient une voix exercée, puisque, dans les
causes publiques, on ne pouvait les donner absent ni par écrit,
mais qu'il fallait déposer de vive voix et en personne. Ainsi aux
grandes récompenses se joignait une impérieuse nécessité. Et, si

cum regerent	puisqu'ils dirigeaient
et populum et senatum	et le peuple et le sénat
consilio	par *leur* avis
et auctoritate.	et par *leur* influence.
Quin immo	Bien plus
ipsi persuaserant	*nos aïeux* eux-mêmes avaient-persuadé
sibi	à eux-mêmes
neminem	personne
in civitate	dans la cité (Rome)
posse	*ne* pouvoir
sine eloquentia	sans éloquence
aut assequi	ou acquérir
aut tueri	ou garder
locum conspicuum	une situation remarquable
et eminentem.	et éminente.
Nec mirum,	Et *cela* n'est pas étonnant,
cum producerentur	puisqu'ils étaient amenés
ad populum	devant le peuple
etiam inviti,	même contraints,
cum	puisque
censere breviter	opiner brièvement
in senatu	dans le sénat
esset parum	était peu-de-chose
nisi quis	à-moins-que quelqu'un
tueretur	*ne* soutînt
suam sententiam	son avis
ingenio et eloquentia,	par le talent et l'éloquence,
cum	puisque
vocati	amenés
in aliquam invidiam	dans quelque haine
aut crimen,	ou *dans quelque* accusation,
haberent	ils avaient
respondendum	devant-être répondu (à répondre)
sua voce,	de leur-propre voix,
cum cogerentur	puisqu'ils étaient-forcés
dicere testimonia quoque	de dire *leurs* témoignages même
in judiciis	dans les tribunaux
non absentes	non-pas absents
nec per tabellam,	ni par écrit,
sed coram	mais publiquement
et præsentes.	et présents.
Ita	Ainsi
magna necessitas etiam	une grande nécessité aussi
accedebat	s'ajoutait
ad summa præmia	aux très-grandes récompenses

sitas accedebat, et quo modo disertum haberi pulchrum et gloriosum, sic contra mutum et elinguem
videri deforme habebatur.

XXXVII. « Ergo non minus rubore quam præmiis
stimulabantur, ne clientulorum loco potius quam
patronorum numerarentur, ne traditæ a majoribus
necessitudines ad alios transirent, ne tanquam inertes
et non suffecturi honoribus aut non impetrarent aut
impetratos male tuerentur. Nescio an venerint in
manus vestras hæc vetera, quæ et in antiquariorum
bibliothecis adhuc manent et cum maxime a Muciano
contrahuntur, ac jam undecim, ut opinor, Actorum
libris et tribus Epistularum composita et edita sunt.

la réputation de bien dire était belle et glorieuse, celle d'être
muet et incapable de parler n'était pas moins humiliante.

XXXVII. « Aussi les talents étaient-ils aiguillonnés par l'honneur
autant que par l'intérêt : on eût rougi de descendre du rang des
patrons à celui des clients; de laisser passer à d'autres familles
des relations héréditaires; de s'exposer, par inertie et par insuffi-
sance, à ne pas obtenir les dignités, ou, les ayant obtenues, à
rester au-dessous. Je ne sais s'il vous est tombé sous la main de
ces anciens écrits que l'on trouve encore dans les vieilles bibliothèques, et que Mucien s'occupe maintenant à rassembler (onze
livres d'Actes et trois de Lettres sont déjà, si je ne me trompe,

eloquentiæ.
et quo modo
haberi disertum
habebatur pulchrum
et gloriosum,
sic contra
videri mutum
et elinguem
habebatur deforme.
  XXXVII. « Ergo
stimulabantur
non minus
rubore
quam præmiis :
ne numerarentur
loco clientulorum
potius quam.
patronorum,
ne necessitudines
traditæ a majoribus
transirent ad alios,
ne
tanquam inertes
et non suffecturi
honoribus,
aut non impetrarent
aut tuerentur male
impetratos.
Nescio an
hæc vetera
venerint
in vestras manus.
quæ
et manent adhuc
in bibliothecis
antiquariorum
et contrahuntur
cum maxime
a Muciano
ac jam
composita sunt
et edita
undecim libris
Actorum,
ut opinor,

de l'éloquence.
et de-la-façon dont
être-regardé-comme éloquent
était-considéré-comme beau
et glorieux,
de-même au-contraire
paraître muet
et incapable-de-parler
était-regardé-comme déshonorant.
  XXXVII. « Donc
ils étaient aiguillonnés
non moins
par la honte *de mal parler*
que par les récompenses :
pour qu'ils ne fussent pas comptés
au rang des petits-protégés
  plutôt que
au rang des patrons,
de peur que les relations
transmises par les ancêtres
ne passassent à d'autres,
de peur que
comme inertes   [teur de)
et ne devant pas suffire (être à la hau-
aux dignités,
ou ils ne *les* obtinssent pas
ou gardassent mal
les dignités obtenues.
J'ignore si
ces-choses antiques
sont venues
dans vos mains.
lesquelles *choses*
et subsistent encore
dans les bibliothèques
des antiquaires
et sont rassemblées
en ce moment même
par Mucien
et *qui* déjà
ont été réunies
et publiées
dans onze livres
d'Actes,
comme je crois,

Ex his intellegi potest Cn. Pompejum et M. Crassum non viribus modo et armis, sed ingenio quoque et oratione valuisse; Lentulos et Metellos et Lucullos et Curiones et ceteram procerum manum multum in his studiis operæ curæque posuisse, nec quemquam illis temporibus magnam potentiam sine aliqua eloquentia consecutum. His accedebat splendor reorum et magnitudo causarum, quæ et ipsa plurimum eloquentiæ præstant. Nam multum interest, utrumne de furto aut formula et interdicto dicendum habeas, an de ambitu comitiorum, expilatis sociis et civibus trucidatis. Quæ mala sicut non accidere melius est isque optimus civitatis status habendus est, in quo nihil tale patimur,

recueillis et publiés). On voit par cette lecture que Pompée et Crassus ne durent pas moins leur grandeur aux dons de l'esprit et au talent de parler, qu'à la force et aux armes; que les Lentulus, les Metellus, les Lucullus, les Curions et toute cette élite des Romains, consacrèrent à l'éloquence beaucoup de travaux et d'études, et que nul en ces temps-là ne parvint, sans le secours de la parole, à une haute puissance. Considérez encore ce que la célébrité des accusés et l'importance des causes ajoutaient à l'inspiration. Quelle différence, en effet, d'avoir à parler sur un vol, une formule, un interdit, ou sur les brigues des comices, le pillage des alliés, le massacre des citoyens! Il vaut mieux sans doute que tous ces maux n'arrivent pas, et l'état social le plus désirable

et tribus Epistularum.	et dans trois *livres* de Lettres.
Ex his	D'après ces-choses
potest intellegi	il peut être-compris
Cn. Pompejum	Cn. Pompée
et M. Crassum	et M. Crassus
valuisse	avoir été puissants
non modo	non seulement
viribus et armis,	par leurs forces et par leurs armes,
sed quoque	mais aussi
ingenio et oratione;	par le talent et par la parole;
Lentulos et Metellos	les Lentulus et les Metellus
et Lucullos et Curiones	et les Lucullus et les Curions
et ceteram manum	et tout le reste de la troupe
procerum	des grands *citoyens*
posuisse	avoir placé
in his studiis	dans ces études
multum operæ	beaucoup de travail
curæque,	et de soin,
nec quemquam	ni quelqu'un (et personne)
illis temporibus	dans ces temps-là
consecutum *esse*	avoir obtenu
magnam potentiam	une grande puissance
sine aliqua eloquentia.	sans quelque éloquence.
His accedebat	A ces-choses s'ajoutait
splendor reorum	la célébrité des accusés
et magnitudo causarum	et l'importance des causes
quæ et ipsa	*choses* qui aussi elles-mêmes
præstant plurimum	fournissent le-plus-de-matière
eloquentiæ.	à l'éloquence.
Nam interest multum	Car il est-différent beaucoup
utrumne	si
habeas dicendum	vous auriez devant-être-parlé
de furto aut formula	au-sujet-d'un vol ou d'une formule
et interdicto,	et d'un interdit,
an	ou-bien
de ambitu comitiorum,	sur la brigue des comices,
sociis expilatis	*sur* des alliés pillés
et civibus trucidatis.	et *sur* des citoyens massacrés.
Quæ mala	Lesquels maux
sicut est melius	de-même-qu'il est mieux
non accidere,	*eux* ne pas arriver,
isque status	et *de-même-que* cet état
civitatis	de la cité
est habendus	est devant-être-regardé-comme
optimus	le meilleur,

ita, cum acciderent, ingentem eloquentiæ materiam
subministrabant. Crescit enim cum amplitudine rerum
vis ingenii, nec quisquam claram et illustrem orationem efficere potest nisi qui causam parem invenit.
Non, opinor, Demosthenem orationes illustrant, quas
adversus tutores suos composuit, nec Ciceronem
magnum oratorem P. Quintius defensus aut Licinius
Archias faciunt : Catilina et Milo et Verres et Antonius
hanc illi famam circumdederunt, non quia tanti fuerit
rei publicæ malos ferre cives, ut uberem ad dicendum
materiam oratores haberent, sed, ut subinde admoneo,
quæstionis meminerimus sciamusque nos de ea re
loqui, quæ facilius turbidis et inquietis temporibus

est celui où l'on n'éprouve rien de pareil; mais enfin, quand ces
désordres avaient lieu, ils fournissaient à l'éloquence une riche
matière. La puissance du génie grandit avec les objets; et le génie
oratoire ne peut se déployer dans toute sa magnificence, s'il ne
trouve un sujet qui soutienne son essor. Je ne pense pas que
Démosthène tire son illustration des discours qu'il composa
contre ses tuteurs; et Cicéron n'est pas un grand orateur pour
avoir défendu Quintius ou Archias. C'est Catilina, c'est Milon, ce
sont Verrès et Antoine, qui ont environné son nom d'un éclat
immortel. Non que la république fût trop heureuse de produire de
mauvais citoyens, pour que les orateurs eussent occasion de faire
de beaux discours; mais, je le répète encore, souvenons-nous de
la question, et sachons bien qu'il s'agit d'un art qui a régné
principalement dans les temps de troubles et d'orages. Qui ne sait

in quo	dans lequel
patimur nihil tale,	nous *ne* souffrons rien *de* tel,
ita,	de même,
cum acciderent. [tie	quand ils arrivaient,
subministrabant eloquen-	ils fournissaient à l'éloquence
ingentem materiam.	une immense matière.
Vis ingenii	La puissance du génie
crescit enim	s'accroît en effet
cum amplitudine rerum,	avec la grandeur des sujets,
nec quisquam	ni quelqu'un (et personne)
potest efficere	*ne* peut faire
orationem claram	un discours brillant
et illustrem	et éclatant
nisi qui invenit	si-ce-n'est *celui* qui a trouvé
causam parem.	une cause suffisante.
Orationes	Les discours
quas composuit	qu'il a composés
adversus suos tutores	contre ses tuteurs
non illustrant,	n'illustrent pas,
opinor,	je crois,
Demosthenem,	Démosthène,
nec P. Quintius	ni P. Quintius
defensus	ayant été défendu
aut Licinius Archias	ou Licinius Archias
faciunt Ciceronem	font Cicéron
magnum oratorem :	grand orateur :
Catilina et Milo	Catilina et Milon
et Verres et Antonius	et Verrès et Antoine
circumdederunt illi	mirent-autour à lui (l'entourèrent de)
hanc famam :	cette gloire :
non quia	non parce-que
fuerit tanti	il a été d'un-si-grand-prix
rei publicae	pour la république [toyens
ferre malos cives	de porter (produire) de mauvais ci-
ut oratores	de-sorte-que les orateurs
haberent materiam	eussent une matière
uberem ad dicendum,	riche pour parler,
sed,	mais,
ut admoneo subinde,	comme je le rappelle de temps-en-temps
meminerimus quæstionis	souvenons-nous de la question
sciamusque	et sachons
nos loqui de ea re	nous parler de cette chose
quæ exsistit facilius	qui se montre plus-facilement
temporibus turbidis	dans les temps troublés
et inquietis.	et agités.

exsistit. Quis ignorat utilius ac melius esse frui pace quam bello vexari? Plures tamen bonos prœliatores bella quam pax ferunt. Similis eloquentiæ condicio. Nam quo sæpius steterit tanquam in acie quoque plures et intulerit ictus et exceperit quoque majores adversarios acrioresque pugnas sibi ipsa desumpserit, tanto altior et excelsior et illis nobilitata discriminibus in ore hominum agit, quorum ea natura est, ut secura sibi, aliis dubia velint.

XXXVIII. « Transeo ad formam et consuetudinem veterum judiciorum. Quæ etsi nunc aptior est veritati, eloquentiam tamen illud forum magis exercebat; in

qu'il est plus utile et plus doux de jouir de la paix que d'essuyer les calamités de la guerre? Cependant la guerre enfante plus de grands capitaines que la paix. Il en est de même de l'éloquence : plus elle se sera montrée souvent sur le champ de bataille, plus elle aura porté et reçu de coups, plus aura été vigoureux et pressant l'adversaire appelé par elle à de rudes combats, et plus elle-même, ennoblie par les dangers, apparaîtra haute et majestueuse aux regards des hommes, qui par nature désirent pour eux-mêmes la tranquillité, mais pour autrui les périls.

XXXVIII. « Je passe à la forme et aux usages des anciens tribunaux. Si la procédure actuelle est plus favorable à la vérité, on conviendra aussi que l'éloquence trouvait plus d'exercice dans ce

Quis ignorat	Qui ignore
esse utilius ac melius	être plus utile et meilleur
frui pace	de jouir de la paix
quam vexari bello?	que d'être-troublé par la guerre?
Tamen	Cependant
bella ferunt	les guerres produisent
prœliatores plures	des hommes-belliqueux plus-nombreux
quam pax.	que la paix *n'en produit.*
Conditio eloquentiæ	La manière-d'être de l'éloquence
similis.	*est* semblable.
Nam agit	Car elle agit
tanto altior et excelsior	d'autant plus-haute et plus-élevée
et nobilitata	et ennoblie
illis discriminibus	par ces dangers
in ore hominum,	en face des hommes,
quorum	dont
natura est	la nature est
ea ut	telle que
velint	ils veuillent
sibi secura	pour-eux des-choses-sûres, [ses.
aliis dubia,	pour-les-autres des-choses-dangereu-
quo sæpius	que plus-souvent
steterit	elle se sera tenue
tanquam in acie,	comme dans le combat,
quoque	et que
et intulerit	et elle aura-porté
et exceperit	et elle aura-reçu
ictus plures,	des coups plus-nombreux,
quoque	et que
ipsa	elle-même
desumpserit sibi	elle aura pris pour elle
adversarios majores	des adversaires plus grands
pugnasque acriores.	et des combats plus rudes.
XXXVIII. « Transeo	XXXVIII. « Je passe
ad formam	à la forme
et consuetudinem	et à la coutume
veterum judiciorum.	des anciens tribunaux.
Quæ,	Laquelle,
etsi nunc	quoique maintenant
est aptior veritati,	elle est (soit) plus propre à la vérité,
tamen	cependant
illud forum	ce forum. *antique*
exercebat magis	exerçait davantage
eloquentiam;	l'éloquence;
in quo	dans lequel

quo nemo intra paucissimas perorare horas cogebatur
et liberæ comperendinationes erant et modum dicendi
sibi quisque sumebat et numerus neque dierum
neque patronorum finiebatur. Primus hæc tertio con-
sulatu Cn. Pompejus astrinxit imposuitque veluti fre-
nos eloquentiæ, ita tamen ut omnia in foro, omnia
legibus, omnia apud prætores gererentur : apud
quos quanto majora negotia olim exerceri solita sint,
quod majus argumentum est quam quod causæ centumvirales, quæ nunc primum obtinent locum, adeo
splendore aliorum judiciorum obruebantur, ut neque
Ciceronis neque Cæsaris neque Bruti neque Cælii

vieux Forum, où l'on n'était pas forcé de tout dire en quelques
heures, où les remises étaient libres, où chacun prenait l'espace
qui lui semblait nécessaire, où ni le nombre des jours ni celui des
avocats n'étaient limités. Pompée dans son troisième consulat
rétrécit le premier cette carrière et donna, pour ainsi dire, un frein
à l'éloquence, sans que les affaires cessassent pourtant d'être
toutes traitées au Forum, toutes selon les lois, toutes devant les
préteurs. Et ce qui prouve le mieux combien étaient plus grandes
les causes qui s'agitaient alors devant ces magistrats, c'est que
les questions centumvirales, aujourd'hui les plus importantes,
étaient tellement éclipsées par l'éclat des autres jugements, que,
parmi les discours de cette époque, on n'en lit pas un seul, ni de
Cicéron, ni de César, ni de Brutus, ni de Celius, ni de Calvus, ni

nemo cogebatur	personne n'était forcé
perorare	de plaider-complètement *une cause*
intra horas paucissimas.	dans des heures très-peu-nombreuses,
et comperendinationes	et *où* les ajournements
erant liberæ,	étaient libres,
et quisque	et *où* chacun
sumebat sibi	choisissait pour-soi
modum dicendi,	la mesure de parler,
et numerus	et *où* le nombre
neque dierum	ni des jours
neque patronorum	ni des avocats
finiebatur.	n'était limité.
Primus	Le premier
Cn. Pompejus	Cn. Pompée
astrinxit hæc	rétrécit ces choses
tertio consulatu	dans son troisième consulat
imposuitque	et imposa
veluti frenos	comme des freins
eloquentiæ,	à l'éloquence,
ita tamen ut	de-telle-manière pourtant que
omnia gererentur	toutes-choses fussent-faites
in foro,	dans le forum,
omnia	*que* toutes choses *fussent faites*
legibus,	par les lois,
omnia	*que* toutes choses *fussent faites*
apud prætores :	devant les préteurs :
quod argumentum	quelle preuve
est majus	est plus grande
quanto majora negotia	de combien plus importantes affaires
solita sint	eurent coutume
exerceri olim	d'être-traitées jadis
apud quos	devant lesquels (ces préteurs)
quam quod	que ce-fait-que
causæ centumvirales,	les causes centumvirales,
quæ nunc	qui maintenant
obtinent primum locum,	tiennent la première place,
obruebantur	étaient cachées
adeo	à tel point
splendore	par l'éclat
aliorum judiciorum,	des autres jugements,
ut	que
neque liber Ciceronis	ni un ouvrage de Cicéron
neque Cæsaris	ni *un ouvrage* de César
neque Bruti	ni *un ouvrage* de Brutus
neque Cælii	ni *un ouvrage* de Célius

neque Calvi, non denique ullius magni oratoris liber
apud centumviros dictus legatur? exceptis orationibus
Asinii, quæ pro heredibus Urbiniæ inscribuntur, ab
ipso tamen Pollione mediis divi Augusti temporibus
habitæ, postquam longa temporum quies et continuum
populi otium et assidua senatus tranquillitas et
maxime principis disciplina ipsam quoque eloquentiam sicut omnia alia pacaverat.

XXXIX. « Parvum et ridiculum fortasse videatur
quod dicturus sum, dicam tamen, vel ideo ut rideatur.
Quantum humilitatis putamus eloquentiæ attulisse pæ-
nulas istas, quibus adstricti et velut inclusi cum judi-
cibus fabulamur? Quantum virium detraxisse orationi

enfin d'aucun orateur célèbre, qui ait été prononcé devant les
centumvirs, excepté les plaidoyers d'Asinius pour les héritiers
d'Urbinia. Encore furent-ils composés vers le milieu de l'empire
d'Auguste, après une longue période de tranquillité, lorsque le
repos inaltérable du peuple, le calme non interrompu du sénat
et le gouvernement d'un grand prince eurent pacifié l'éloquence
avec tout le reste.

XXXIX. « Ce que je vais dire semblera peut-être minutieux
et ridicule; je le dirai cependant, ne fût-ce que pour qu'on en rie.
A quel point croyez-vous que n'ont pas dégradé l'éloquence ces
étroits manteaux dans lesquels nous venons serrés et emprisonnés
causer avec les juges? Combien de force ne doivent pas ôter au
discours ces salles d'audience et ces greffes où l'on explique

neque Calvi	ni *un ouvrage* de Calvus
non denique	non pas enfin
ullius magni oratoris	*un ouvrage* de quelque grand orateur
dictus apud centumviros	prononcé devant les centumvirs
legatur?	n'est lu?
orationibus Asinii,	les discours d'Asinius,
quæ inscribuntur	qui sont intitulés
pro heredibus Urbiniæ,	pour les héritiers d'Urbinia,
exceptis,	ayant été exceptés,
habitæ tamen	*discours* prononcés cependant
a Pollione ipso	par Pollion lui-même
temporibus mediis	dans les temps moyens
divi Augusti,	du divin Auguste.
postquam	après que
longa quies	une longue tranquillité
temporum	des temps
et otium	et le repos
continuum	continuel
populi	du peuple
et tranquillitas	et le calme
assidua	non interrompu
senatus	du sénat
et maxime	et surtout
disciplina principis	la discipline du prince
pacaverat	avait pacifié
eloquentiam ipsam quoque	l'éloquence même aussi
sicut omnia alia.	comme toutes les autres choses.
XXXIX. « Quod	XXXIX. « Ce que
sum dicturus	je suis devant-dire
videatur fortasse	paraîtrait peut-être
parvum et ridiculum,	petit et ridicule,
dicam tamen,	je *le* dirai pourtant,
vel ideo	et même pour-ceci
ut rideatur.	qu'il soit-tourné-en-ridicule.
Quantum humilitatis	Combien de bassesse
putamus	croyons-nous
istas pænulas	ces manteaux
attulisse eloquentiæ,	avoir apporté à l'éloquence.
quibus adstricti	par lesquels serrés
et velut inclusi	et comme enfermés
fabulamur	nous causons
cum judicibus?	avec les juges?
Quantum virium	Combien de forces
credimus	croyons-nous
auditoria	les salles d'audience

auditoria et tabularia credimus, in quibus jam fere plurimæ causæ explicantur? Nam quo modo nobiles equos cursus et spatia probant, sic est aliquis oratorum campus, per quem nisi liberi et soluti ferantur, debilitatur ac frangitur eloquentia. Ipsam quin immo curam et diligentis stili anxietatem contrariam experimur, quia sæpe interrogat judex, quando incipias, et ex interrogatione ejus incipiendum est. Frequenter probationibus et testibus silentium importunus indicit. Unus inter hæc dicenti aut alter assistit, et res velut in solitudine agitur. Oratori autem clamore plausuque

maintenant la plupart des causes? S'il faut aux généreux coursiers une lice et de l'espace pour montrer leur vigueur, de même l'orateur a besoin d'une carrière où son génie se déploie librement et sans contrainte; sinon l'éloquence languit et perd tout ressort. Il n'est pas jusqu'aux soins et jusqu'au travail d'une composition savamment préparée qui ne tournent contre nous; car souvent le juge nous interroge au moment où nous commencerions, et il faut commencer au point que sa question nous indique. Souvent aussi l'avocat s'interrompt pour faire entendre les preuves et les témoins; pendant ce temps il lui reste un ou deux auditeurs, et il parle dans le désert. Or il faut à l'orateur

et tabularia	et les archives
detraxisse orationi,	avoir-enlevé à la parole,
in quibus	*lieux* dans lesquels
jam	déjà
causæ fere plurimæ	les causes presque les plus-nombreuses
explicantur?	sont débrouillées?
Nam	Car
quo modo	de la façon dont
cursus et spatia	les courses et les espaces
probant	montrent
equos nobiles,	les chevaux généreux,
sic	ainsi
aliquis campus	une certaine carrière
oratorum	des orateurs
est,	existe,
per quem	à travers laquelle
nisi ferantur	s'ils ne sont portés
liberi et soluti,	libres et sans entraves,
eloquentia	l'éloquence
debilitatur	est affaiblie
ac frangitur.	et est brisée.
Quin immo	Bien plus
experimur	nous éprouvons
curam ipsam	le soin même
et anxietatem	et l'anxiété
stili diligentis	d'une composition soigneuse
contrariam,	*être* contraire,
quia sæpe	parce que souvent
judex interrogat	le juge *vous* interroge
quando incipias,	quand vous commenceriez,
et est incipiendum	et il est devant-être-commencé
ex interrogatione	de la question
ejus.	de lui.
Frequenter	Fréquemment
importunus	gênant
indicit silentium	il prescrit le silence
probationibus	pour les preuves
et testibus.	et les témoins.
Inter hæc	Pendant ces choses
unus	un
aut alter	ou un second (ou deux) *auditeurs*
assistit	est présent
dicenti,	pour celui qui parle,
et res agitur	et l'affaire est agitée
velut in solitudine.	comme dans la solitude.

opus est et velut quodam theatro; qualia cotidie antiquis oratoribus contingebant, cum tot pariter ac tam
nobiles forum coarctarent, cum clientelæ quoque ac
tribus ac municipiorum etiam legationes ac pars Italiæ
periclitantibus assisteret, cum in plerisque judiciis
crederet populus Romanus sua interesse, quid judica-
retur. Satis constat C. Cornelium et M. Scaurum et
T. Milonem et L. Bestiam et P. Vatinium concursu
totius civitatis et accusatos et defensos, ut frigidissimos
quoque oratores ipsa certantis populi studia excitare et
incendere potuerint. Itaque hercule ejus modi libri

des acclamations, des applaudissements, un théâtre; et voilà ce
que trouvaient chaque jour les orateurs anciens, alors que tant
d'illustres personnages encombraient, pour ainsi dire, le Forum,
et que pour surcroît une foule de clients, les tribus, les députa-
tions des villes municipales, une partie de l'Italie, venaient soutenir l'accusé en péril; alors que, dans la plupart des affaires, le
peuple romain se croyait intéressé lui-même au jugement qui
serait prononcé. On sait assez avec quel concours de la ville
entière furent accusés et défendus Cornelius, Scaurus, Milon,
Bestia, Vatinius : il n'est pas de si froid orateur dont la lutte seule
des affections populaires n'eût pu animer et enflammer le génie.

Autem	Or
est opus oratori .	il est besoin pour l'orateur
clamore plausuque	d'acclamation et d'applaudissement
et velut	et comme
quodam theatro;	d'un-certain théâtre;
qualia	*telles les choses* qui
contingebant cotidie	arrivaient chaque-jour
antiquis oratoribus,	aux anciens orateurs,
cum	quand
tot pariter	tant *de citoyens* ensemble
ac tam nobiles	et *de* si nobles
coartarent forum,	encombraient le forum,
cum clientelæ	quand les clientèles
quoque	aussi
ac tribus ac legationes	et les tribus et les députations
municipiorum	des municipes
etiam	même
ac pars Italiæ	et une partie de l'Italie
assisteret	soutenait
periclitantibus,	ceux-qui-étaient-en-péril,
cum	quand
in judiciis plerisque	dans des jugements nombreux
populus Romanus	le peuple romain
crederet	pensait
interesse sua	être-de-l'intérêt-de lui
quid judicaretur.	ce qui serait-jugé.
Satis constat	Il est assez établi
C. Cornelium	C. Cornelius
et M. Scaurum	et M. Scaurus
et T. Milonem	et T. Milon
et L. Bestiam	et L. Bestia
et P. Vatinium	et P. Vatinius
et accusatos	et *avoir été* accusés
et defensos	et *avoir été* défendus
concursu	par le concours
totius civitatis,	de toute la cité,
ut	de telle-sorte-que
studia ipsa	les affections mêmes
populi certantis	du peuple discutant
potuerint	auraient pu
excitare et incendere	exciter et enflammer
oratores frigidissimos	les orateurs les plus froids
quoque.	même.
Itaque hercule	C'est pourquoi, par Hercule!
libri ejus modi	les ouvrages (discours) de ce genre

exstant, ut ipsi quoque qui egerunt non aliis orationibus censeantur.

XL. « Jam vero contiones assiduæ et datum jus poten-
tissimum quemque vexandi atque ipsa inimicitiarum
gloria, cum se plurimi disertorum ne a P. quidem Sci-
pione aut L. Sulla aut Cn. Pompejo abstinerent, et
ad incessendos principes viros, ut est natura invidiæ,
populi quoque ut histriones auribus uterentur, quantum
ardorem ingeniis, quas oratoribus faces admovebant !

« Non de otiosa et quieta re loquimur et quæ probi-
tate et modestia gaudeat, sed est magna illa et nota-
bilis eloquentia alumna licentiæ, quam stulti libertatem

Aussi les discours auxquels ces procès donnèrent lieu sont restés,
et leurs auteurs n'ont pas de plus beaux titres oratoires.

XL. « Et cette tribune ouverte à de continuelles harangues, et
ce droit reconnu d'attaquer les hommes les plus puissants, et cet
empressement à rechercher de glorieuses inimitiés (empressement
tel, que la plupart des habiles n'épargnaient pas même un Scipion, un Sylla, un Pompée, et que, connaissant bien la nature
de l'envie, il se servaient, comme les histrions, des oreilles du
peuple pour adresser l'outrage aux premiers de l'État), combien
toutes ces choses réunies ne devaient-elles pas échauffer l'âme et
animer l'enthousiasme des orateurs ?

« Nous ne parlons pas ici d'un art oisif et pacifique, ami de la
probité et de la modération. L'éloquence vraiment grande, vraiment frappante, est fille de cette licence qu'on appelait follement

exstant,	subsistent,
ut ipsi	de-sorte-que ceux mêmes
quoque	même
qui egerunt	qui plaidèrent
non conseantur	ne soient (sont) pas appréciés
aliis orationibus.	par (pour) d'autres discours.
XL. « Vero jam	XL. « Mais déjà
contiones assiduæ	les harangues continuelles
et jus	et le droit
datum	accordé
vexandi	d'attaquer (les plus puissants)
quemque potentissimum	chacun le-plus-puissant (les citoyens
atque	et
gloria ipsa	la gloire même
inimicitiarum,	des inimitiés,
cum	puisque
plurimi disertorum	la-plupart des habiles
se abstinerent	*ne s'abstenaient*
ne quidem a P. Scipione	pas même de P. Scipion
aut L. Sulla	ou *de* L. Sylla
aut Cn. Pompejo,	ou *de* Cn. Pompée.
et	et
ad viros principes	pour les hommes les-plus-grands
incessendos,	devant être attaqués,
ut est natura invidiæ,	comme est la nature de l'envie,
uterentur quoque,	se servaient *eux* aussi,
ut histriones,	comme les histrions,
auribus populi,	des oreilles du peuple,
quantum ardorem	quelle chaleur
admovebant	*ces choses* faisaient-elles pénétrer
ingeniis,	dans les esprits,
quas faces	quelles ardeurs
admovebant oratoribus!	*inspiraient-elles* aux orateurs!
« Non loquimur	« Nous ne parlons pas
de re	d'une chose
otiosa et quieta	oisive et pacifique
et quæ gaudeat	et qui se réjouisse de (qui se plaise à)
probitate et modestia,	la probité et *de* la modération,
sed	mais
illa eloquentia	cette éloquence
magna et notabilis	grande et remarquable
est alumna licentiæ,	est fille de la licence,
quam	que
stulti	insensés
vocabant libertatem,	ils appelaient liberté,

vocabant, comes seditionum, effrenati populi incita-
mentum, sine obsequio, sine severitate, contumax, te-
meraria, arrogans, quæ in bene constitutis civitatibus
non oritur. Quem enim oratorem Lacedæmonium,
quem Cretensem accepimus? Quarum civitatum seve-
rissima disciplina et severissimæ leges traduntur. Ne
Macedonum quidem ac Persarum aut ullius gentis,
quæ certo imperio contenta fuerit, eloquentiam novimus.
Rhodii quidam, plurimi Athenienses oratores exstite-
runt, apud quos omnia populus, omnia imperiti, omnia,
ut sic dixerim, omnes poterant. Nostra quoque civitas,
donec erravit, donec se partibus et dissensionibus et
discordiis confecit, donec nulla fuit in foro pax, nulla
in senatu concordia, nulla in judiciis moderatio, nulla

liberté. C'est la compagne des séditions, l'aiguillon des fureurs
populaires. Incapable d'obéissance et de subordination, opiniâtre,
téméraire, arrogante, ce n'est pas dans une société bien constituée
qu'elle peut prendre naissance. De quel orateur lacédémonien ou
crétois avons-nous jamais entendu parler? Or Lacédémone et la
Crète sont renommées par la sagesse de leur discipline et la sévérité de leurs lois. Nous ne connaissons non plus d'éloquence ni en
Macédoine, ni en Perse, ni chez aucune nation qui ait été soumise
à un gouvernement régulier. Rhodes eut quelques orateurs,
Athènes en eut un grand nombre : c'est que le peuple pouvait
tout, que les ignorants pouvaient tout, que tout le monde, pour
ainsi dire, pouvait tout. Rome aussi, tant qu'elle flotta sans direc-
tion; tant qu'elle se consuma dans les querelles de partis, les dis-
sensions, les discordes; tant qu'il n'y eut ni paix dans le Forum,

comes seditionum,	elle est compagne des séditions,
incitamentum	aiguillon
populi effrenati,	d'un peuple sans-frein,
sine obsequio,	elle est sans obéissance,
sine severitate,	sans austérité,
contumax,	opiniâtre,
temeraria,	téméraire,
arrogans,	arrogante.
quæ non oritur	qui ne naît pas
in civitatibus	dans les cités
bene constitutis.	bien constituées.
Enim	En effet
quem oratorem	quel orateur
Lacedæmonium,	Lacédémonien,
quem Cretensem	quel orateur Crétois
accepimus?	avons-nous appris avoir existé?
Quarum civitatum	Desquelles cités (Lacédémone et la Crète)
disciplina severissima	la discipline très-sévère
et leges severissimæ	et les lois très-sévères
traduntur.	sont rapportées.
Novimus eloquentiam	Nous ne connaissons l'éloquence
ne quidem Macedonum	pas même des Macédoniens
ac Persarum	et des Perses
aut ullius gentis	ou de quelque nation
quæ fuerit contenta	qui ait-été retenue
imperio certo.	par une autorité solide.
Quidam oratores Rhodii,	Certains orateurs Rhodiens,
plurimi Athenienses	de très-nombreux orateurs Athéniens
exstiterunt,	ont existé,
apud quos	chez qui (à Rhodes et à Athènes)
populus poterat omnia,	le peuple pouvait toutes-choses,
imperiti poterant omnia,	les ignorants pouvaient toutes-choses,
omnes,	tous,
ut dixerim sic,	pour-que j'aie dit ainsi (ainsi dire),
omnia.	pouvaient toutes-choses.
Nostra civitas quoque,	Notre cité aussi,
donec erravit,	tant qu'elle erra,
donec se confecit	tant qu'elle se consuma
partibus et dissensionibus	par les partis et les dissensions
et discordiis,	et les discordes,
donec nulla pax	tant-qu'aucune paix
fuit in foro,	ne fut dans le forum,
nulla concordia	nulle concorde
in senatu,	dans le sénat,
nulla moderatio	nulle modération

superiorum reverentia, nullus magistratuum modus,
tulit sine dubio valentiorem eloquentiam sicut indo-
mitus ager habet quasdam herbas lætiores. Sed nec
tanti rei publicæ Gracchorum eloquentia fuit, ut pate-
retur et leges, nec bene famam eloquentiæ Cicero tali
exitu pensavit.

XLI. « Sic quoque quod superest antiqui oratoribus
fori non emendatæ nec usque ad votum compositæ civitatis argumentum est. Quis enim nos advocat nisi aut
nocens aut miser? Quod municipium in clientelam
nostram venit, nisi quod aut vicinus populus aut
domestica discordia agitat? Quam provinciam tuemur

ni concorde dans le sénat, ni modération dans les tribunaux, ni
respect pour les supérieurs, ni règle dans les jugements, ni limite
fixe à l'autorité des magistrats. Rome enfanta sans nul doute une
éloquence plus vigoureuse, comme un champ que n'a pas dompté
la culture produit quelques herbes d'une végétation plus riche.
Mais la république paya trop cher le talent oratoire des Gracques,
s'il fallut aussi endurer leurs lois; et toutes les perfections de
l'éloquence ne rachètent pas pour Cicéron le malheur de sa fin.

XLI. « La seule partie qui nous reste de l'ancien domaine des
orateurs, le barreau, n'annonce pas lui-même une réforme com-
plète ni une société où tout marche à souhait. Qui nous appelle,
en effet, s'il n'est coupable ou malheureux? Quelle ville a recours
à la nôtre, si son repos n'est troublé par quelque voisin ou par
des querelles domestiques? Quelle province défendons-nous, si

in judiciis,	dans les tribunaux,
nulla reverentia	aucun respect
superiorum,	des supérieurs,
nullus modus	aucune limite
magistratuum,	des (pour les) magistrats,
tulit	produisit
sine dubio	sans doute
eloquentiam valentiorem,	une éloquence plus-vigoureuse,
sicut ager	comme un champ
indomitus	non-dompté *par la culture*
habet quasdam herbas	possède certaines herbes
lætiores.	plus grasses.
Sed	Mais
nec eloquentia Gracchorum	ni l'éloquence des Gracques
fuit tanti	*ne* fut d'un-si-grand-prix
rei publicæ	pour la république
ut pateretur	pour que *celle-ci* supportât
et leges,	encore *leurs* lois.
nec Cicero	ni Cicéron
pensavit bene	*ne* compensa avantageusement
tali exitu	par une telle fin
famam eloquentiæ.	*sa* réputation d'éloquence.
XLI. « Sic	XLI. « De même
quoque	aussi
quod superest	ce qui subsiste
fori antiqui	du forum antique
oratoribus	aux orateurs
non est argumentum	n'est pas l'indice
civitatis emendatæ	d'une cité réformée
nec compositæ	ni organisée
usque ad votum.	jusqu'à souhait.
Quis enim	Qui en effet
nos advocat	nous appelle
nisi	si ce n'est
aut nocens	ou un coupable
aut miser?	ou un malheureux?
Quod municipium	Quel municipe
venit	vient
in nostram clientelam,	dans notre clientèle,
nisi quod	sinon *celui* que
aut populus vicinus	ou un peuple voisin
aut discordia domestica	ou une discorde domestique
agitat?	trouble?
Quam provinciam	Quelle province
tuemur	protégeons-nous

nisi spoliatam vexatamque? Atqui melius fuisset non
queri quam vindicari. Quod si inveniretur aliqua civitas, in qua nemo peccaret, supervacuus esset inter
innocentes orator sicut inter sanos medicus. Quo modo
enim minimum usus minimumque profectus ars me-
dentis habet in iis gentibus, quæ firmissima valetu-
dine ac saluberrimis corporibus utuntur, sic minor
oratorum honor obscuriorque gloria est inter bonos
mores et in obsequium regentis paratos. Quid enim
opus est longis in senatu sententiis, cum optimi cito
consentiant? Quid multis apud populum contionibus,
cum de re publica non imperiti et multi deliberent,

elle n'est dépouillée et opprimée? Or mieux vaudrait n'avoir pas
à se plaindre que d'obtenir vengeance. Si l'on trouvait une cité
où personne ne commit de faute, l'orateur serait de trop dans ce
pays d'innocence, comme le médecin parmi des gens bien portants.
Cependant, si l'art de guérir est moins en usage et fait moins de
progrès chez les nations où les tempéraments sont meilleurs et les
santés plus robustes, on peut dire aussi que la gloire de l'orateur
est moindre et plus obscure là où règnent les bonnes mœurs et
le respect d'un pouvoir tutélaire. Qu'est-il besoin d'opiner lon-
guement dans le sénat, quand les bons esprits sont si vite d'accord? A quoi bon tant de harangues devant le peuple, lorsque ce
n'est pas une multitude d'ignorants qui délibèrent sur les intérêts

nisi spoliatam	sinon *une province* dépouillée
vexatamque?	et opprimée?
Atqui	Or
fuisset melius	il eût-été mieux
non queri	*de* ne-pas se-plaindre
quam vindicari.	que*d'*être-vengé.
Quod si aliqua civitas	Que si quelque cité
inveniretur	était trouvée
in qua	dans laquelle
nemo peccaret,	personne *ne* commettrait-de-faute.
orator	l'orateur
esset supervacuus	serait superflu
inter innocentes	parmi des innocents
sicut medicus	comme un médecin
inter sanos.	parmi des gens-bien-portants.
Quo modo enim	Comme en effet
ars medentis	l'art du médecin
habet minimum usus	a très-peu d'usage
minimumque profectus	et très-peu de progrès
in iis gentibus,	dans (chez) ces peuples,
quæ utuntur	qui se servent
valetudine firmissima	d'une santé très-solide
ac corporibus saluberrimis,	et de corps très-sains,
sic	de même
honor oratorum est minor	l'estime des orateurs est moindre
gloriaque obscurior	et *leur* gloire plus-obscure
inter bonos mores	dans les bonnes mœurs
et paratos	et *dans des peuples* préparés
in obsequium	pour l'obéissance
regentis.	de (à) celui-qui-gouverne.
Quid enim	En-quoi en effet
est opus	est-il besoin
longis sententiis	de longs avis
in senatu,	dans le sénat,
cum optimi	puisque les hommes-excellents
consentiant	s'accordent
cito?	rapidement?
Quid	En-quoi *est-il besoin*
multis contionibus	de nombreuses harangues
apud populum,	devant le peuple,
cum	lorsque
non imperiti	non-pas des ignorants
et multi	et de nombreux *citoyens*
deliberent	délibèrent
de re publica,	au-sujet-de la république.

sed sapientissimus et unus? Quid voluntariis accusatio-
nibus, cum tam raro et tam parce peccetur? Quid
invidiosis et excedentibus modum defensionibus, cum
clementia cognoscentis obviam periclitantibus eat?
Credite, optimi et in quantum opus est disertissimi
viri, si aut vos prioribus sæculis aut illi, quos mira-
mur, his nati essent, ac deus aliquis vitas ac tempora
vestra repente mutasset, nec vobis summa illa laus et
gloria in eloquentia neque illis modus et tempera-
mentum defuisset : nunc, quoniam nemo eodem tempore assequi potest magnam famam et magnam quietem,
bono sæculi sui quisque citra obtrectationem alterius
utatur. »

publics, mais le plus sage et lui seul? Que serviraient des voix
toujours prêtes pour l'accusation, quand les délits sont si rares et
si légers? d'ennuyeuses et interminables défenses, quand la clé
mence du juge va au-devant de l'accusé en péril? Croyez-moi,
hommes honorables et, autant que besoin est, orateurs accomplis :
si vous étiez nés, vous, dans les âges précédents, ceux que nous
admirons, à l'époque où nous sommes, et qu'un dieu eût tout à
coup échangé vos places dans le temps et l'existence; non, la
gloire éclatante dont brilla leur talent ne vous eût pas manqué, et
eux-mêmes auraient connu la mesure qui tempère le vôtre. Mais,
puisqu'on ne peut obtenir à la fois une grande renommée et un
profond repos, que chacun jouisse des avantages de son siècle,
sans décrier le siècle où il n'est pas. »

sed sapientissimus	mais *un homme* très-sage
et unus ?	et seul ?
Quid	En-quoi *est-il besoin*
accusationibus voluntariis,	d'accusations volontaires,
cum peccetur	lorsqu'il est-péché
tam raro	si rarement
et tam parce ?	et si faiblement ?
Quid	En-quoi *est-il besoin*
defensionibus invidiosis	de défenses ennuyeuses
et excedentibus modum	et dépassant la mesure
cum clementia	quand la clémence
cognoscentis	de celui-qui-juge
eat obviam	va au-devant
periclitantibus ?	aux (des) *accusés* en péril ?
Credite,	Croyez-*le*,
viri optimi	hommes excellents
et disertissimi	et orateurs très-habiles
in quantum opus est,	autant que besoin est,
si aut vos	si ou vous
nati essetis	*étiez nés*
sæculis prioribus	dans les siècles précédents
aut illi,	ou *si* ceux-là,
quos miramur,	que nous admirons,
nati essent his,	étaient nés dans ceux-ci,
ac aliquis deus	et *si* quelque dieu
mutasset repente	avait-changé tout-à-coup
vitas	*vos* vies
ac vestra tempora,	et vos temps,
nec illa laus	ni cette louange
et gloria summa	et cette gloire très-grande
in eloquentia	dans l'éloquence
defuisset vobis,	*n'*eût-manqué à vous,
nec modus	ni la mesure
et temperamentum	et l'équilibre
defuisset illis :	*n'eût-manqué* à eux :
nunc,	maintenant,
quoniam nemo	parce que personne
potest assequi	*ne* peut obtenir
eodem tempore	en même temps
magnam famam	une grande renommée
et magnam quietem,	et un grand repos,
quisque utatur	que chacun use
bono sui sæculi	du bien de son siècle
citra obtrectationem	sans dénigrement
alterius. »	d'un autre *siècle*. »

XLII. Finierat Maternus, cum Messalla : « Erant
quibus contra dicerem, erant de quibus plura dici
vellem, nisi jam dies esset exactus. — Fiet, inquit
Maternus, postea arbitratu tuo, et si qua tibi obscura
in hoc meo sermone visa sunt, de iis rursus conferemus. » Ac simul assurgens et Aprum complexus :
« Ergo, inquit, te poetis, Messallam autem antiquariis
criminabimur. — At ego vos rhetoribus et scholasticis, » inquit.

Cum arrisissent, discessimus.

XLII. Maternus cessa de parler. « Il est des points, dit Messalla,
où j'oserais vous contredire : il en est d'autres sur lesquels je
voudrais plus de développements; mais le jour est déjà fini. —
Une autre fois, dit Maternus, il sera fait selon votre volonté, et, si
vous avez trouvé dans mes paroles quelque chose d'obscur, nous
en conférerons de nouveau. » En même temps il se leva, et, em-
brassant Aper : « Nous vous dénoncerons, dit-il, moi aux poètes,
et Messalla aux amateurs de l'antiquité. — Et moi, dit Aper, je
vous dénoncerai tous deux aux rhéteurs et aux chefs de l'école. »
On se mit à rire, et nous nous séparâmes.

XLII. Maternus finierat,
cum Messalla :
« Erant
quibus contra dicerem,
erant
de quibus
vellem
plura dici
nisi dies esset exactus
jam.
— Fiet postea,
inquit Maternus,
tuo arbitratu,
et si qua
visa sunt
tibi
obscura
in hoc meo sermone,
conferemus
rursus
de iis. »
Ac simul
assurgens
et complexus Aprum :
« Ergo, inquit,
criminabimur
te poetis,
autem Messallam
antiquariis.
— At ego
vos
rhetoribus
et scholasticis, »
inquit.
    Cum arrisissent,
discessimus.

XLII. Maternus avait-terminé,
quand Messalla :
« *Des points* étaient
auxquels je contredirais,
des points étaient
au-sujet desquels
je voudrais
plus-de-choses être-dites,
si le jour n'était passé
déjà.
— Il sera-fait dans-la-suite,
dit Maternus,
selon votre volonté,
et si quelques choses
ont été vues (ont paru)
à vous
obscures
dans ce mien discours,
nous conférerons
de nouveau
au-sujet-de ces-choses. »
Et en-même-temps
se levant
et ayant-embrassé Aper :
« Donc, dit-il,
nous dénoncerons
vous aux poètes,
mais Messalla
aux amis-de-l'antiquité.
— Mais moi
je vous *dénoncerai*
aux rhéteurs
et aux gens de l'école, »
dit *Aper*.
    Quand ils eurent ri,
nous nous séparâmes

NOTES

DU DIALOGUE DES ORATEURS

1. Pour l'emploi de *plerique* au sens de « bien des gens » et de *plerumque* au sens de « souvent » dans la langue de Tacite, cf. Gœlzer, *Dialogue des orateurs*, édit. Hachette, p. 69.

2. *Nam*, « en réalité », explique le *maligne* de la phrase précédente. (Note de Gœlzer.)

3. Le sesterce valant à peu près 0ᶠ,20, on voit qu'Eprius Marcellus avait une fortune équivalente à quarante millions de francs.

4. Environ soixante millions de francs.

5. 500 000 sesterces : cent mille francs environ.

6. *Nempe* a ici le sens de notre « effectivement » et marque que la date indiquée est absolument sûre. (Gœlzer.)

7. Cf. Cicéron, *in Pisonem*, X, 22. Ce n'est pas l'expression *rota Fortunæ* qui est blâmée ici : c'est le rapprochement puéril de la roue de Fortune avec les pirouettes ou les ronds que l'on fait en dansant.

8. Cicéron, *in Verr.*, I, 46, 121. Plaisanterie encore plus mauvaise que la précédente, mais beaucoup plus excusable, parce que Cicéron la met dans la bouche des gens du peuple, et ne la rapporte, dit-il, que pour montrer que la méchanceté de Verrès était comme passée en proverbe. L'équivoque roule sur le double sens de *jus Verrinum*, jus de pourceau, et justice de Verrès.

9. *Temperabat* a pour sujet *mater*: car dans tout le passage il est question de l'éducation donnée par la mère, la parente étant simplement considérée en passant comme une aide possible. (Gœlzer.)

34476. — PARIS, IMPRIMERIE LAHURE
9, rue de Fleurus, 9

LIBRAIRIE HACHETTE ET Cie

TRADUCTIONS JUXTALINÉAIRES

DES

PRINCIPAUX AUTEURS CLASSIQUES LATINS

FORMAT IN-16, BROCHÉ

CÉSAR : Guerre des Gaules. 2 vol. 9 fr.
1er vol. : livres I, II, III et IV.. 4 fr.
2e vol. : livres V, VI et VII.... 5 fr.
— Guerre civile, livre I..... 2 fr. 25

CICÉRON : Brutus.......... 4 fr.
— Catilinaires (les)............ 2 fr.
— Des devoirs............... 6 fr.
— Des lois : livre I......... 1 fr. 50
— Dialogue sur l'amitié..... 1 fr. 25
— Dialogue sur la vieillesse. 1 fr. 25
— Discours pour la loi Manilia. 1 fr. 50
— Discours pour Ligarius..... 75 c.
— Discours pour Marcellus.... 75 c.
— Discours sur les statues..... 3 fr.
— Discours sur les supplices... 3 fr.
— Philippique (seconde)....... 2 fr.
— Plaidoyer pour Archias..... 90 c.
— Plaidoyer pour Milon..... 1 fr. 50
— Plaidoyer pour Muréna... 2 fr. 50
— Songe de Scipion.......... 75 c.

CORNELIUS NEPOS : Les vies des grands capitaines.......... 5 fr.

EPITOME HISTORIÆ GRÆCÆ.
Prix................... 3 fr. 50

HEUZET : Histoires choisies des écrivains profanes. 2 vol.... 6 fr.

HORACE : Art poétique..... 75 c.
— Épîtres................ 2 fr.
— Odes et épodes. 2 vol.... 4 fr. 50

On vend séparément :

1er vol. : livres I et II des odes ... 2 fr.
2e vol. : livres III et IV des odes et les épodes............... 2 fr. 50
— Satires................ 2 fr.

JUSTIN : Histoires philippiques. 2 volumes................ 12 fr.
Chaque volume séparément. 6 fr.

LHOMOND : Abrégé de l'histoire sainte.................. 3 fr.
— Des hommes illustres de la ville de Rome.................. 4 fr. 50

LUCRÈCE : Morceaux choisis par C. Poyard.............. 3 fr. 50

OVIDE : Métamorphoses..... 6 fr.

PHÈDRE : Fables.......... 2 fr.

PLAUTE : La marmite (Aululaire)................ 1 fr. 75

QUINTE-CURCE : Histoire d'Alexandre le Grand. 2 vol.... 12 fr.
1er vol. : livres III, IV, V et VI. 6 fr.
2e vol : livres VII, VIII, IX et X. 6 fr.

SALLUSTE : Catilina.... 1 fr. 50
— Jugurtha.............. 3 fr. 50

SÉNÈQUE : De la vie heureuse. 1 50

TACITE : Annales. 4 vol..... 18 fr.
1er vol. : livres I, II et III. .. 6 fr.
2e vol. : livres IV, V et VI..... 4 fr.
3e vol. : livres XI, XII et XIII... 4 fr.
4e vol. : livres XIV, XV et XVI... 4 fr.
— Germanie (la)............. 1 fr.
— Histoires, livres I et II...... 3 fr.
— Vie d'Agricola............ 1 fr. 75

TÉRENCE : Adelphes....... 2 fr.
— Andrienne.............. 2 fr. 50

TITE-LIVE : Liv. XXI et XXII. 5 fr.
— Livres XXIII, XXIV et XXV. 7 fr. 50

VIRGILE : Bucoliques....... 1 fr.
— Enéide. 4 volumes....... 16 fr.
1er vol. : livres I, II et III...... 4 fr.
2e vol. : livres IV, V et VI..... 4 fr.
3e vol. : livres VII, VIII et IX... 4 fr.
4e vol. : livres X, XI et XII..... 4 fr.
Chaque livre séparément. 1 fr. 50
— Géorgiques (les quatre liv.).. 2 fr.

A la même Librairie :

TRADUCTIONS JUXTALINÉAIRES
DES PRINCIPAUX AUTEURS GRECS

www.ingramcontent.com/pod-product-compliance
Lightning Source LLC
Chambersburg PA
CBHW070614100426
42744CB00006B/480